Matemáticas

Tercer grado

Matemáticas. Tercer grado fue elaborado en la Dirección General de Materiales y Métodos Educativos, actualmente Dirección General de Materiales Educativos, de la Subsecretaría de Educación Básica de la Secretaría de Educación Pública.

Coordinación
Alicia Ávila Storer
Hugo Balbuena Corro

Autores
Alicia Ávila Storer
Hugo Balbuena Corro
Pedro Bollás García
Juan Castrejón Téllez

Colaboración para la segunda edición
Martha Dávila Vega

Coordinación editorial
Elena Ortiz Hernán Pupareli

Apoyo institucional para la primera edición
Universidad Pedagógica Nacional

Supervisión técnica y pedagógica
Subsecretaría de Educación Básica y Normal
de la Secretaría de Educación Pública

Portada
Diseño: Comisión Nacional de Libros de Texto Gratuitos
Ilustración: *Puesto de cocos en La Merced* (1973)
Óleo sobre masonite, 115 x 125 cm
Rina Lazo (1928)
Colección de la artista
Fotografía: Pablo Labastida

Servicios editoriales
CIDCLI

Coordinación editorial e iconográfica:
Patricia van Rhijn Armida y Rocío Miranda

Colaboración:
David Israel Hernández

Diseño:
Rogelio Rangel
Annie Hasselkus
Evangelina Rangel

Ilustraciones:
Luis Guerrero (lecciones 1 a 18; 46 a 55; 63 a 70;
74, 76, 77, 80 y 89)
María del Roser Martínez Chalamanch
y Efraín Rodríguez Tsuda (lecciones 19 a 43; 57 a 62;
73, 75 y 78 a 88)
Julián Zúñiga (ilustraciones digitales en lecciones 2, 35 y 51)

Fotografía:
Agustín Estrada

Producción fotográfica:
Elisa Castellanos

Reproducción fotográfica:
Rafael Miranda

Primera edición, 1993
Cuarta edición, 2002
Tercera reimpresión, 2005 (ciclo escolar 2006-2007)

D. R. © Secretaría de Educación Pública, 1993
          Argentina 28, Centro,
          06020, México, D.F.

ISBN 970-18-8272-5

Impreso en México

Presentación

Este libro de texto gratuito está destinado a los alumnos
de tercer grado de las escuelas del país. Fue elaborado en 1993,
a raíz del concurso abierto convocado por la Secretaría
de Educación Pública para renovar los materiales de estudio
para la educación primaria. El jurado de Matemáticas de tercer
grado seleccionó este libro como el ganador y la Secretaría de
Educación Pública lo adoptó como texto gratuito.

En el marco del proyecto general de mejoramiento de la
calidad de la enseñanza primaria que desarrolla el gobierno
de la República y para cumplir con el propósito de contar
con materiales de enseñanza actualizados, que correspondan
a las necesidades de aprendizaje de los niños y que incorporen
los avances del conocimiento educativo, esta segunda edición
corregida del libro de texto *Matemáticas. Tercer grado*, tiene
un nuevo diseño que seguramente resultará más agradable e
interesante para los niños. Asimismo, se han revisado
cuidadosamente los contenidos, a partir de las sugerencias de
maestros y expertos.

Con la renovación de los libros de texto está en marcha
el proceso de perfeccionamiento continuo de los materiales
de estudio para la escuela primaria. Cada vez que la experiencia
y la evaluación lo hagan recomendable, los libros del niño y
los recursos auxiliares para el maestro serán mejorados,
sin necesidad de esperar largo tiempo para realizar reformas
generales.

Para que estas tareas tengan éxito son indispensables
las opiniones de los maestros y de los niños que trabajarán
con este libro, así como las sugerencias de madres y padres
de familia que comparten con sus hijos las actividades
escolares. La Secretaría de Educación Pública necesita sus
recomendaciones y críticas. Estas aportaciones serán
estudiadas con atención y servirán para que el mejoramiento
de los materiales educativos sea una actividad sistemática
y permanente.

Índice

5

Bloque 1

1. El pueblo donde vive Luis / Éste es un dibujo del pueblo donde viven Luis y sus amigos. ¡Ven, vamos a conocerlo!

1 ¿Qué hay en el pueblo? **Coméntalo** con tus compañeros.

Escribe el nombre de 3 lugares que veas en el dibujo.

_____

Escribe el nombre de 3 lugares que están alrededor de la plaza.

_____

2 Así se vería desde arriba el pueblo donde vive Luis.

Observa con cuidado el plano del pueblo y **realiza** lo siguiente.

Marca con una línea azul las calles que atraviesan el pueblo de norte a sur.

Marca con una línea roja las calles que atraviesan el pueblo de este a oeste.

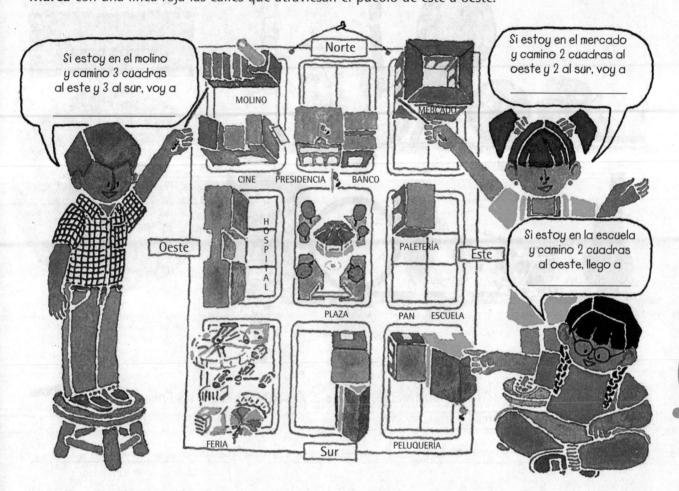

Luis acompaña a su abuela al banco. Cuando salen del banco, caminan una cuadra al este y otra al norte, ¿a dónde llegan Luis y su abuelita?

_____

El papá de Luis trabaja en el cine; cuando sale de trabajar, camina 2 cuadras al sur y una al este y llega a su casa. **Marca** con verde la esquina donde está la casa de Luis.

3 Luis y Mónica están con su tía en la paletería, quieren ir a la feria. **Describe** el camino que tienen que seguir para ir de la paletería a la feria.

_____

Itzel y su mamá están en la panadería. **Describe** el camino que tienen que seguir para ir a la feria.

_____

Compara tus respuestas con las de tus compañeros.

2. El tiro al blanco / Un domingo, Luis y sus amigos visitaron la feria. ¡Diviértete y descubre qué premios obtuvieron!

3 tiros por $ 5

20   180   30   90   300   20   40

60   60   80   1 000   250

100
50
40
30
20

1 De los números que están en la ilustración, **escoge** 3 y **escríbelos** sobre las líneas. **Escribe** también sus nombres.

300   trescientos

¿Cuál premio se gana con 30 puntos? _____

¿Cuáles son los premios que se ganan con menos puntos? _____

¿Cuál premio se gana con más puntos? _____

2 **Ordena** de menor a mayor los números que tienen los premios.

20	30			80		180			

Escribe los números que faltan para completar las series.

	30	40	50				90		

200		400	500	600			900		

3 Luis, Mónica e Itzel van a tirar al blanco. ¿Puedes saber en qué números caerán

los dardos antes de tirar? _____ ¿Por qué? **Coméntalo** con tus compañeros.

Luis	Mónica	Itzel

¿Cuántos puntos hizo Luis? _____

¿Podrá llevarse la máscara? _____

¿Cuántos puntos hizo Mónica? _____

¿Qué premio podrá llevarse? _____

¿Cuántos puntos hizo Itzel? _____

¿Qué premio podrá llevarse? _____

4 **Observa** nuevamente los premios y **contesta**.

Si Luis quiere las raquetas, ¿en qué números deben caer sus dardos? _____

Para ganar la guitarra, ¿en qué números deben caer los dardos? _____

En otra tirada, Mónica sacó 250 puntos, Luis 80 e Itzel 100. ¿En qué números habrán caído los dardos de cada uno? Dibújalos donde corresponda.

Mónica	Luis	Itzel

11

3. Banderas de colores / Terminaron las vacaciones.

En el salón de Luis forran algunas cajas para guardar su material.
También hacen banderas de colores.

1 Luis quiere dividir un pliego de papel en 2 partes iguales para forrar 2 cajas.
Con colores diferentes **ilumina** en el papel de Luis la parte que le corresponde a cada una de las cajas.

2 El equipo de Luis compró 3 pliegos de papel para hacer banderitas de México.
Para hacer una banderita se necesita una parte verde, una blanca y una roja.
Divide cada pliego para que se puedan hacer 4 banderitas del mismo tamaño.

¿En cuántas partes iguales quedó dividido cada pliego? _____

Luis y su equipo ya hicieron 2 banderitas de las 4 que quieren hacer.

¿Qué parte del pliego verde han utilizado? _____

12

3 **Usa** una hoja blanca, una verde y una roja para que tengas los 3 colores de la bandera. **Corta** las hojas como tú creas, para que puedas hacer 4 banderitas del mismo tamaño.

4 El equipo de Rosa también compró 3 pliegos de papel, pero ellos quieren hacer banderas más grandes. **Divide** cada pliego para que se puedan hacer 2 banderas del mismo tamaño.

En el dibujo de arriba, **pon** una palomita a las partes que se usaron para hacer una bandera.

¿Qué parte de un pliego se usó para una bandera? _____

5 **Ayuda** a los demás equipos a dividir sus pliegos de papel.

Nosotros queremos hacer 8 banderas.

Nosotros queremos hacer 3 banderas.

4. Los globos / A la salida de la escuela, los amigos se pusieron de acuerdo para ir nuevamente a la feria. Tú también estás invitado. ¡Buena puntería!

Rompe
3 globos
y llévate
un premio

3 tiros
$ 5

1 **Fíjate** en la ilustración y **contesta** según corresponda.

¿Cuánto se paga por 3 tiros? _____

¿Cuánto tienen que pagar en total los 3 niños si tiran 3 dardos cada uno? _____

¿Sabes cuántos globos se deben reventar para ganar un premio? _____

Si Toño rompe 2 globos, ¿le toca un premio? _____

¿Sabes cuántos globos van a reventar los niños? _____

¿Sabes quién de los 3 niños va a ganar un premio? _____

2 Para saber cuánto dinero recibió por las ventas de la semana, la señora del puesto de globos hizo la siguiente tabla:

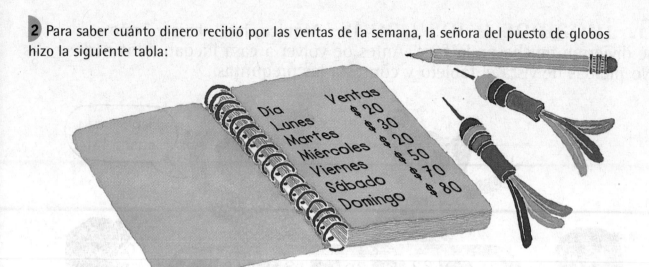

Día	Ventas
Lunes	$20
Martes	$30
Miércoles	$20
Viernes	$50
Sábado	$70
Domingo	$80

¿Qué día de la semana la señora no fue al puesto de globos? _____

¿Cuál fue el día en que recibió más dinero por las ventas? _____

¿Cuál fue el día en que recibió menos? _____

¿Cuánto recibió en total durante la semana? _____

3 Luis y Mónica van a sacar un papelito cada quien en el puesto de la tómbola para ver si ganan un premio.

Escribe sobre las líneas dos preguntas, una en la que se sepa lo que va a pasar y otra en la que no se sepa lo que va a pasar. **Fíjate** en los ejemplos.

Se sabe lo que va a pasar	No se sabe lo que va a pasar
¿Quién va a sacar el papelito?	¿Qué premio va a ganar Luis?
_____	_____
_____	_____

5. Jugamos a los dados / Mónica, Itzel, Luis y Toño
se divierten mucho en la feria. Antes de volver a casa juegan a los dados.
No pierdas de vista el tablero y contesta las preguntas.

¡Llegaré a la casilla 13!

1 **Observa** la ilustración.

Luis está en la casilla 7, lanza el dado y cae así: ¿Es cierto lo que dice Luis? _____

Toño está en la casilla 9, tira el dado y cae así: ¿A qué casilla llegará? _____

Mónica estaba en la casilla 11, tira y llega a la 17.

¿En qué número cayó el dado? _____ **Dibuja** los puntos en el dado de Mónica.

Toño estaba en la casilla 12, ahora está en la 15.

¿En qué número cayó el dado? _____ **Dibuja** los puntos en el dado de Toño.

Itzel lanzó 2 dados y avanzó 8 casillas. Un dado cayó en el 3.

¿En qué número cayó el otro dado? _____

2 **Completa** las siguientes tablas.

	Casilla de salida	Casillas que avanza	Casilla de llegada
Mónica	15	4	
Itzel	14	6	
Luis	12	5	
Toño	17	6	

Toño tiró 2 dados y avanzó 9 casillas. **Señala** los dados que tiró Toño:

	Casilla de salida	Casillas que avanza	Casilla de llegada
Mónica	24		30
Itzel	17		25
Luis	19		27
Toño	23		32

Mónica tiró 2 dados y avanzó 8 casillas.
¿En qué números habrán caído sus dados? _____

3 **Observa** la ilustración y **contesta**.

Mónica acaba de tirar su dado. ¿Sabes cuántas casillas avanzará? _____

Toño todavía no lanza el dado. ¿Sabes cuántas casillas avanzará? _____

¿Por qué? **Coméntalo** con tus compañeros.

4 **Construye** un tablero y arma un dado con el material recortable número 1.
Juega como lo hicieron Luis y sus amigos.

6. Medimos listones / Itzel, Luis y Mónica adornan su salón con listones de colores. Quieren poner una tira de listón arriba del pizarrón.

1 Lee lo que dicen los niños y **contesta** las preguntas.

¿Qué medida obtuvo cada uno? _____

¿Por qué obtuvieron distintas medidas? **Coméntalo** con tus compañeros.

2 Organízate con tu equipo y midan, cada quien con su lápiz, el largo de la pared donde está el pizarrón. **Anoten** sobre las líneas de abajo el nombre de cada uno y las medidas que obtuvieron.

Nombres	Medidas
_____	_____
_____	_____
_____	_____
_____	_____

¿Obtuvieron todos la misma medida? _____ ¿Por qué? _____

Comenta con tus compañeros de equipo, ¿qué tendrían que hacer para obtener la misma medida?

3 Recorta y **pega** las 4 tiras del material recortable número 2. **Compara** con el metro que tiene tu maestro la tira que formaste. ¿Cuánto mide la tira? _____

Una unidad que no cambia, y que muchas personas utilizan para medir longitudes, es el metro.

4 **Organízate** con tu equipo y **contesten** lo siguiente:

¿Cuántos metros crees que mide de largo la pared de tu salón en donde está el pizarrón? _____

¿Cuántos metros crees que mide de largo la pared de tu salón en donde está la puerta? _____

Midan con el metro para ver si acertaron.

Si quieren poner una tira de listón para adornar la pared de atrás del salón,

¿cuántos metros de listón necesitan? _____

Si quieren poner una tira de listón alrededor del salón,

¿cuántos metros de listón necesitan? _____

5 ¿Cuántos metros crees que mida una cadena que formen 10 niños de tu salón tomados de las manos? **Busca** con tu equipo una manera de averiguarlo y luego **anota** aquí tu respuesta.

_____

Si todos los niños de tu salón forman una cadena,

¿cuántos metros medirá esa cadena? _____

6 **Mide** con el metro el largo y el ancho del patio o de la cancha de tu escuela. **Haz** aquí un dibujo del patio y anota sus medidas, luego calcula lo que mide su contorno.

7. Mi casa es así / A Mónica y a Itzel les gusta mucho leer. En los Libros del Rincón encontraron uno que se llama *Soy huichol*. En él, un niño que se llama Julián cuenta cómo vive y cómo es su casa. Esto es algo de lo que contó Julián:

Soy huichol. Vivo en la sierra. Mi casa está construida con piedras y barro. Las ventanas y la puerta son de madera. El techo también es de madera, pero lo cubrimos con zacate para proteger la casa del sol y de los animales.

1 ¿Cómo es la casa de Julián? **Coméntalo** con tus compañeros.
Dibuja aquí la casa de Julián. Si es necesario, vuelve a leer lo que contó de ella.

2 **Haz** en tu cuaderno el dibujo de una casa que sea así:
Tiene el techo inclinado. Tiene 2 ventanas y en medio está la puerta. Si te sientas frente a la casa, a la derecha ves un árbol muy alto y a la izquierda ves un pozo y el corral.

3 Julián también contó cómo es su casa por dentro. Dijo lo siguiente:

Adentro hay un ropero, camas, una mesa y varias sillas. Todo es de madera. Todo lo hizo mi padre. La cocina es una mesa de barro y junto está el fogón. Allí prendemos fuego con ocote y pedazos de leña seca...

Escoge las figuras del material recortable número 3 que sirven para completar los muebles de la casa de Julián. La casa debe quedar como si la vieras desde arriba.

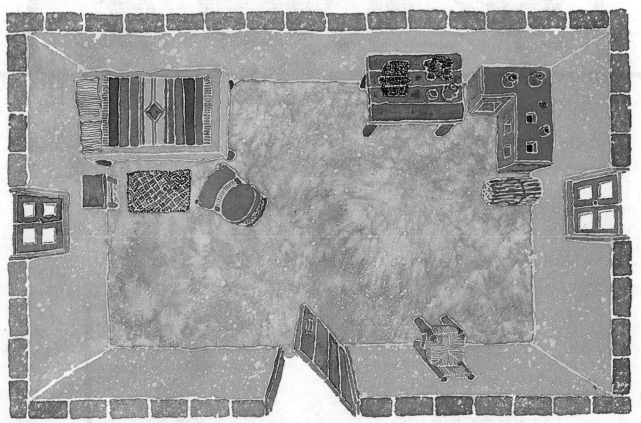

4 **Dibuja** en tu cuaderno una casa que tenga 3 cuartos; uno es la cocina, otro es la recámara y otro es la sala. Debe quedar como si la vieras desde arriba.

En el dibujo que hiciste, **agrega** los muebles que se indican.
En la cocina: 1 mesa, 4 sillas, 1 estufa y 1 trastero.
En la recámara: 1 cama y, enfrente de la cama, 1 ropero y 1 silla.
En la sala: 1 sillón largo y, a los lados, 2 sillones más chiquitos.

5 Y tu casa, ¿cómo es? **Cuéntale** a un compañero qué muebles hay y cómo están acomodados para que él haga un dibujo. Luego, **comenta** con él si su dibujo se parece a tu casa.

8. Las trenzas de Mónica / Algunos niños y niñas participan en los bailables durante las fiestas patrias.

1 Mónica compró un metro de listón para sus 2 trenzas.

¿En cuántas partes iguales tuvo que cortar el metro de listón? _____

¿Qué cantidad usó para cada trenza? _____

Itzel se quiere hacer 2 trenzas porque va a salir en un bailable. Compró 3 metros del listón con los colores de la bandera. **Ayúdale** dividiendo con una línea cada metro de listón.

¿Qué cantidad de listón usó Itzel para cada trenza? _____

2 Rosa compró un metro de listón para hacer 4 moños iguales. **Divídelo** tú.

¿Qué parte del metro de listón usó para cada moño? _____

¿Cuánto listón usó para 2 moños? _____

3 La maestra dio a cada niño una hoja de papel tamaño carta y les dijo que la cortaran a la mitad. **Fíjate** cómo lo hicieron.

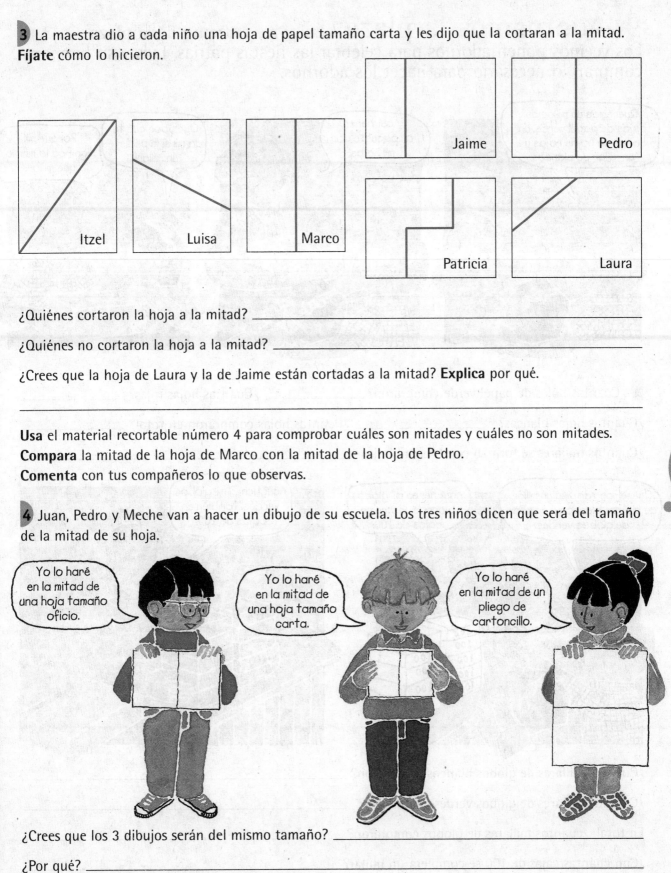

¿Quiénes cortaron la hoja a la mitad? _____

¿Quiénes no cortaron la hoja a la mitad? _____

¿Crees que la hoja de Laura y la de Jaime están cortadas a la mitad? **Explica** por qué.

_____

Usa el material recortable número 4 para comprobar cuáles son mitades y cuáles no son mitades.
Compara la mitad de la hoja de Marco con la mitad de la hoja de Pedro.
Comenta con tus compañeros lo que observas.

23

4 Juan, Pedro y Meche van a hacer un dibujo de su escuela. Los tres niños dicen que será del tamaño de la mitad de su hoja.

Yo lo haré en la mitad de una hoja tamaño oficio.

Yo lo haré en la mitad de una hoja tamaño carta.

Yo lo haré en la mitad de un pliego de cartoncillo.

¿Crees que los 3 dibujos serán del mismo tamaño? _____

¿Por qué? _____

Compara tus respuestas con las de tus compañeros.

9. Adornamos la plaza / Luis vive enfrente de la plaza.

Los vecinos ponen adornos para celebrar las fiestas patrias. Luis y su hermana compran lo necesario para hacer los adornos.

1 ¿Cuántas hojas de papel verde compraron? _____ ¿Cuántas hojas rojas? _____

¿Cuántas hojas blancas? _____ ¿Cuántas hojas compraron en total? _____

¿Cuántos millares se forman con tres mil hojas? _____

¿Cuántos millares de globos blancos compraron? _____

¿Cuántos millares de globos verdes compraron? _____

En total, ¿cuántos millares de globos compraron? _____

¿Con cuántas cajas de 100 se completa un millar? _____

Si una persona pide 1 500 globos, ¿cuántas cajas de 100 le darán? _____

2 **Observa** con cuidado la siguiente fotografía y luego **contesta**.

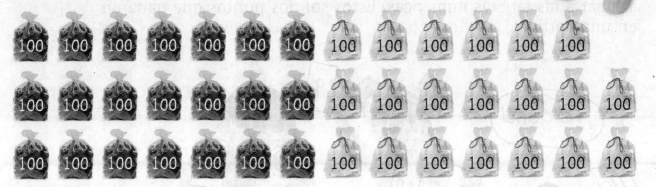

¿Cuántos silbatos amarillos son en total? _____

¿Cuántos millares de silbatos amarillos son? _____

¿Cuántos silbatos azules hay? _____

¿Qué hay más, silbatos azules o silbatos amarillos? _____

¿Cuántos millares de silbatos hay en total? _____

3 Unas personas llegaron a la tienda y pidieron lo siguiente:

¿Quién llevó menos globos? _____

¿Quiénes llevaron la misma cantidad de globos? _____

4 Completa las series:

_____ , 960, 970, _____ , 990, _____   3 000, _____ , 5 000, _____ , 7 000, _____

995, _____ , 997, 998, _____ , _____   _____ , 1 996, 1 997, _____ , 1 999, _____

Cuando tenemos mil, tenemos un millar. Mil, con número, se escribe así: 1 000.

10. ¿Quién ganó?

/ La maestra de Mónica y Luis les enseñó a jugar a las tarjetas numéricas. Éstos son los puntos que ganaron en una partida:

1 **Averigua** si es cierto lo que dijo Mónica. Si necesitas hacer operaciones, **hazlas** en tu cuaderno.

¿Cuál es el total de puntos que ganó Mónica? _____

¿Cuál es el total de puntos que ganó Toño? _____

¿Es cierto que Mónica ganó? _____

¿Quiénes empataron? _____

¿Quién ganó menos puntos? _____

¿Qué operación utilizaste para calcular el total de puntos? _____

2 **Resuelve** las operaciones y **subraya** las que podrías haber utilizado para responder las preguntas de esta página:

$12 + 9 =$ _____ $13 + 8 =$ _____ $8 +$ _____ $= 14$

$13 - 8 =$ _____ $7 + 11 =$ _____ $7 +$ _____ $= 11$

3 Mónica e Itzel jugaron otra vez. Anotaron los puntos que ganaron en la tabla de abajo.
Escribe el resultado del juego donde dice "total".

	Primer juego	Segundo juego	Tercer juego	Total
Mónica	4	5	3	
Itzel	7	0	6	

¿Quién ganó? _____

4 **Completa** lo que dicen los niños. Después **escribe** en tu cuaderno la operación que corresponde a lo que dijo cada uno.

Tenía 6 fichas, puse otras 15. Ahora tengo _____

Tengo 15 fichas, si saco 6, me quedan _____

Tengo 15 fichas, para tener 21 me faltan _____

5 Los niños jugaron un juego en el que se ganan y se pierden puntos; los registraron en la tabla de abajo. **Anota** los puntos que le quedaron a cada uno.

	Puntos ganados	Puntos perdidos	Puntos que quedan
Toño	12	7	
Luis	11	4	
Mónica	10	3	

6 **Escribe** en tu cuaderno un problema en el que se ganen puntos y otro problema en el que se pierdan puntos.
Pide a un compañero que resuelva los problemas que inventaste.

11. El aeropuerto / Luis recibió una carta de unos amigos que viven en la ciudad. En ella le cuentan lo siguiente:

Querido amigo:

Hace poco visitamos el aeropuerto. Había muchos aviones, unos aterrizaban, otros despegaban y algunos más esperaban pasajeros y carga.

1 Comenta con tus compañeros y con tu maestro cómo son los aviones, cómo se ven cuando vuelan en lo alto, cuando están sobre la pista o cuando inician el vuelo.

2 Traza en tu cuaderno 3 líneas rectas que indiquen la inclinación de 3 aviones. Uno que va despegando, otro que vaya volando muy alto y otro que esté estacionado.

28

3 **Escribe** en las líneas los nombres de los objetos que aparecen en las fotografías de la página anterior. Si no sabes cómo se llama algún objeto, **pregúntale** a tus compañeros o a tu maestro.

Los que pueden volar

_____

_____

_____

Los que no pueden volar

_____

_____

_____

4 **Comenta** con tus compañeros lo siguiente:
¿Has visto cómo despegan los helicópteros? ¿Cómo te imaginas que despegan los globos aerostáticos?
¿Cuál es la diferencia entre la forma en que despegan un helicóptero y un avión?
En tu cuaderno, **representa** con líneas rectas la posición en que despegan el avión y el helicóptero.

5 **Lee** lo que cuentan los niños y **contesta** las preguntas:

Al despegar, el avión toma una posición inclinada. Cuando va en lo más alto o cuando ya aterrizó, toma una posición horizontal.

Los cohetes despegan en posición vertical.

29

¿En qué posición despega un helicóptero? _____

¿Qué posiciones puede tomar un avión? _____

Comenta con tus compañeros tus respuestas.

6 **Haz** en tu cuaderno un dibujo que tenga líneas rectas en diferentes posiciones.
Pinta de rojo las líneas de tu dibujo que estén en posición horizontal, de azul las que estén en posición vertical y de verde las líneas inclinadas.

12. El estado del tiempo / Luis continuó leyendo la carta de sus amigos:

En el aeropuerto conocimos a un piloto. Nos platicó que cuando el avión va a aterrizar, él les da a los pasajeros información como la siguiente:

Señores pasajeros:
dentro de 15 minutos aterrizaremos en la Ciudad de México. El último informe del tiempo dice que hay cielo lluvioso y la temperatura es de 6 grados centígrados.

1 **Lee** la información que da el piloto y **contesta**:

¿Cuánto falta para que aterrice el avión? _____

¿Cuál es el estado del tiempo en la Ciudad de México? _____

¿Cuántos grados de temperatura hay en la Ciudad de México? _____

¿Crees que hace calor o frío? _____

2 **Lee** lo siguiente y **contesta**:

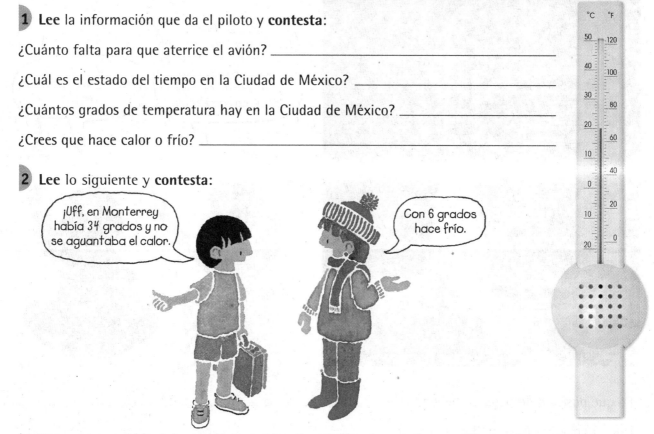

¡Uff, en Monterrey había 34 grados y no se aguantaba el calor.

Con 6 grados hace frío.

La temperatura ambiental se mide en grados. Para indicar los grados se utiliza un instrumento llamado **termómetro**.

¿Cuántos grados marca el termómetro de la fotografía? _____

Si en tu escuela hay un termómetro, **obsérvalo**. **Anota** la temperatura que marca. _____

¿Para qué crees que es útil medir la temperatura? **Coméntalo** con tus compañeros.

3 **Observa** el registro que hizo Luis del estado del tiempo y de la temperatura del lugar donde vive.

°C

	Soleado	Medio nublado	Nublado	Lluvioso	Temperatura
Lunes			x		22 grados
Martes		x			25 grados
Miércoles				x	18 grados
Jueves				x	16 grados
Viernes	x				28 grados
Lunes				x	19 grados
Martes		x			20 grados
Miércoles			x		18 grados
Jueves				x	23 grados
Viernes			x		21 grados

4 **Contesta** las siguientes preguntas de acuerdo con la información que hay en la tabla.

¿Cuántos días estuvieron soleados? _____

¿Cuántos días estuvieron medio nublados? _____

¿Cuántos días estuvieron nublados? _____

¿Cuántos días estuvieron lluviosos? _____

¿Cuál es el estado del tiempo que se repitió más? _____

¿Cuál es el estado del tiempo que se repitió menos? _____

¿Cuál es la mayor temperatura que registró Luis? _____

¿Cuál es la diferencia de temperatura entre el día más caluroso y el más frío? _____

5 Durante 2 semanas **realiza** con tu equipo un registro del tiempo como el que hizo Luis.

13. Caminamos para ir a la escuela / Julián,

junto con otros niños huicholes, van a la escuela en un albergue. Como queda retirado, caminan mucho para llegar. Ya en camino, les gusta voltear y ver sus casas.

1 **Contesta** las siguientes preguntas:

¿Cómo crees que los niños ven sus casas cuando todavía están cerca?

¿Cómo crees que las verán cuando estén más lejos?

Los niños dicen que las ven como si se fueran haciendo chiquitas.

Tú, ¿qué piensas?

  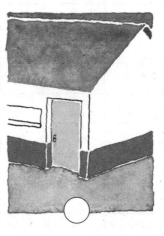 

Ordena las ilustraciones de arriba: **pon** el número 1 al dibujo de cómo ven los niños las casas cuando están muy cerca, el número 2 al dibujo de cómo las ven cuando están un poco más lejos y continúa así hasta llegar al número 4.

2 Cuando siguen caminando, los niños pasan una loma y empiezan a ver la escuela.

¿Cómo crees que ven la escuela cuando todavía están lejos?

¿Cómo la verán cuando estén más cerca? **Coméntalo** con tus compañeros.

Recorta las ilustraciones del material recortable número 5 y **pégalas** en el espacio de abajo.

Empieza por la que muestra cómo ven los niños la escuela cuando están más lejos.

3 Éste es un dibujo del lugar donde vive Julián. Él vive en la casa que está junto a los árboles.

¿Dónde está la casa de Julián? ¿Dónde está la escuela? ¿Qué otras cosas ves en el dibujo?
Coméntalo con tus compañeros.
Un día, Julián le contó a su abuelo:

Cuando salimos de la casa nos fuimos todo derecho, hasta bajar la loma.
Después dimos vuelta hacia la izquierda y nos fuimos por la orilla de los cerros.
Al llegar al río, dimos vuelta a la derecha y seguimos por la orilla. Cuando vimos
de frente la escuela, atravesamos el río y caminamos hasta llegar a la entrada.

Marca en el dibujo el camino que Julián le describió a su abuelo.

4 **Describe** el camino que siguió Julián de regreso a la casa.
Puedes empezar así:

Salimos de la escuela y caminamos hasta el río, _____

_____

_____

_____

5 **Indica** a un compañero otro camino para ir de la casa de Julián a la escuela.
Que él marque en el dibujo el camino que indicaste; luego, que describa el mismo camino,
pero de regreso a la casa de Julián.
Comparen su trabajo con el de otros compañeros.

14, El calendario / Por medio del calendario, Luis y sus amigos saben las fechas importantes; por ejemplo: los cumpleaños, los días festivos o el inicio de las vacaciones.

1 En el dibujo de arriba hay una hoja de calendario del mes de septiembre de 2001.

¿Cuántos días tiene el mes de septiembre? _____

Escribe el nombre de otro mes que tenga igual cantidad de días que septiembre. _____

¿Qué día fue el 23 de septiembre de 2001? _____

¿Quiénes de tus compañeros cumplen años en la primera mitad del mes de septiembre? _____

_____

¿En qué fechas? _____

2 **Observa** una hoja del calendario del mes de febrero de 2001.

¿Cuántos días tuvo el mes de febrero? _____

¿Cuántos domingos tuvo el mes de febrero? _____

¿Qué fecha cívica celebramos en la segunda mitad del mes de febrero? _____

¿Cuántas clases de educación física tuvo Toño en febrero? _____

¿En qué día de la semana cayó el 1 de marzo de 2001? _____

¿Y el 17 de marzo? _____

3 En el grupo de Juan hay 24 alumnos en total. Juan registró la asistencia de los niños durante dos semanas del mes de septiembre.

Septiembre / Primera semana	
Día y fecha	Asistencia
Lunes 3	24 alumnos
Martes 4	20 alumnos
Miércoles 5	23 alumnos
Jueves 6	17 alumnos
Viernes 7	12 alumnos

Septiembre / Segunda semana	
Día y fecha	Asistencia
Lunes 10	22 alumnos
Martes 11	18 alumnos
Miércoles 12	22 alumnos
Jueves 13	6 alumnos
Viernes 14	14 alumnos

Anota sobre la línea el día y la fecha que corresponda.

Asistió todo el grupo. _____

Asistió la mitad del grupo. _____

Sólo faltó un alumno. _____

Faltaron 7 alumnos. _____

Asistió un poco más de la mitad del grupo. _____

Asistió la cuarta parte del grupo. _____

4 Luis va a ver a su abuelo cada miércoles.

Anota en qué fechas fue a visitarlo durante el mes de septiembre de 2001.

_____

¿Cómo van aumentando los números que escribiste en la pregunta anterior? _____

¿En qué día de la semana empezó el mes de octubre de 2001? _____

¿A qué fechas corresponden los lunes del mes de octubre de 2001? _____

5 Consigue un calendario actual y **compáralo** con el que lleven tus compañeros.

¿En qué son iguales? ¿En qué son diferentes? **Consulta** en el calendario:

¿Cuáles meses tienen 30 días? _____

¿Cuáles meses tienen 31? _____

¿Cuál es el mes más corto del año? _____

15. Colocamos papel picado / Luis, Mónica e Itzel hicieron muchas hojas de papel picado. Ahora ayudan a los vecinos a adornar la plaza del pueblo.

1 ¿Cuántas hojas de papel picado caben en cada lazo? _____

¿Cuántas hojas tiene que agregar Mónica para llenar el lazo? _____

¿Cuántas hojas le faltan a Luis para llenar su lazo? _____

¿Cuántas hojas tiene que agregar Itzel para llenar el lazo? _____

¿Qué procedimientos utilizaste para resolver las preguntas? _____

Coméntalo con tus compañeros y tu maestro.

2 Luis, Mónica e Itzel calculan cuántas hojas les faltan en cada lazo. Lo hacen de la siguiente manera:

¿El procedimiento que utilizaste se parece al de Luis, al de Mónica o al de Itzel? _____

¿Qué procedimiento utilizaron tus compañeros? **Coméntalo** con ellos.

3 Luis, Mónica y Toño van a colocar ahora 25 hojas en cada lazo. **Completa** lo que dicen y luego **escribe** las dos operaciones con las que se puede encontrar cada respuesta.

Puse 19, me falta agregar_____

Puse 17 me falta agregar_____

Puse 12, tengo que agregar_____

19 + _____ = 25   _____   _____

25 − 19 = _____   _____   _____

4 Cada uno de los niños va a colocar 30 globos para adornar la plaza.

Toño ya colocó 15, ¿cuántos le faltan? _____

Luis ya colocó 18, ¿cuántos más debe colocar? _____

Mónica ha colocado 19, ¿cuántos más le faltan? _____

Escribe aquí las dos operaciones que sirven para saber cuántos globos más debe colocar Mónica:

5 **Completa** las siguientes sumas. Después, en las líneas de la derecha, **escribe** las restas con las que puedes encontrar el número que faltaba en cada suma.

21 + ___9___ = 30   ___30 − 21 = 9___

17 + _____ = 25   _____

10 + _____ = 22   _____

9 + _____ = 15   _____

Usa la calculadora para verificar tus respuestas y **compáralas** con las de tus compañeros.

6 **Inventa** un problema que se resuelva con una resta, **escríbelo** y **pídele** a un compañero que lo resuelva.

16. El periódico mural / En la escuela se pone cada mes el periódico mural. Al grupo de Toño le tocó hacer el periódico mural del mes de octubre. Todos los niños participaron.

1 Varios niños aceptaron la idea de medir con el metro.
Las medidas que obtuvieron están anotadas en este cuaderno:

¿Cuántos lados tiene el periódico mural? _____

¿Cuánto miden en total los 2 lados más largos? _____

¿Cuánto miden en total los 2 lados más cortos? _____

¿Cuántos metros de cadena serán necesarios para adornar el contorno del periódico mural? _____

2 El equipo de Toño también hará un cuadro con cadena de papel para colocar en él los mejores trabajos. **Observa** las medidas que hay en el cuaderno y **contesta**.

¡Nos quedó muy bien!

Cada uno de los lados del cuadrado mide: 1 metro.

¿Cuántos metros de cadena se necesitarán para el periódico mural y para el cuadrado? _____

3 ¿Cuánto crees que mide el contorno del pizarrón de tu salón? **Anota** lo que tú creas. _____

Utiliza el metro para medir y **anota** el resultado de tu medición. _____

¿Consideras que tu estimación fue buena? **Coméntalo** con tus compañeros y tu maestro.

4 El piso de un salón tiene forma de rectángulo. Los lados más largos miden 7 metros y los lados más cortos miden 5 metros. ¿Cuánto mide el contorno del piso? _____

5 **Organízate** con tu equipo. **Dibujen** en el patio dos rectángulos diferentes y un cuadrado que midan 12 metros de contorno cada uno. **Anoten** en ellos las medidas de sus lados.

La medida del contorno de una figura también se llama perímetro.

17. ¿Cuántos frijoles hay? / A Toño y a Mónica les dejaron una tarea. Quieren terminarla pronto para ir a la feria.

Tarea: formar una decena, una centena y un millar con frijoles. Se pueden usar tapas, vasitos y frascos para ponerlos.

1 **Organízate** en equipo, trae frijoles, frascos, vasos y tapas; **ayuda** a los niños a terminar su tarea. **Contesta** lo siguiente:

¿Cuántos frijoles hay en una decena? _____

¿Cuántos frijoles hay en una centena? _____   ¿Cuántos frijoles hay en un millar? _____

2 **Une** con una línea la cantidad de frijoles y el recipiente en el que puedas ponerlos:

Un millar
Una decena
Una centena

Guarda en los recipientes que trajiste: una decena, una centena y un millar de frijoles. Después los vas a utilizar para hacer otras tareas.

3 El equipo de Toño puso estas tapas, vasos y frascos con frijoles sobre su mesa:

¿Cuántos frijoles hay en los 2 frascos? _____

¿Cuántos hay en las 8 tapas? _____

¿Cuántos hay en los 4 vasos? _____

¿Cuántos frijoles más hay en los 2 frascos que en los 4 vasos? _____

¿Cuántos frijoles más hay en los 4 vasos que en las 8 tapas? _____

¿Cuántos frijoles son, contando los que hay en los frascos, los vasos y las tapas? _____

Toño tiene 1 frasco, 3 vasos, 5 tapas y 2 frijoles sueltos. ¿Cuántos frijoles tiene en total? _____

40

4 Une con una línea a cada niño con el dibujo que le corresponda.

¿Quién contó más frijoles? _____ ¿Cuántos menos contó Toño que Itzel? _____

¿Cuántos frijoles más contó Mónica que Toño? _____

5 Para contestar las preguntas de los niños, sólo necesitas hacer aproximaciones y tachar
la respuesta que creas correcta.

10 frijoles

50 frijoles

80 frijoles

100 frijoles

Comprueba si acertaste contando los frijoles que caben en tu puño.

¿Cuántos son? _____ Más o menos, ¿con cuántos puños completas 300 frijoles? _____

100 frijoles

200 frijoles

500 frijoles

1 000 frijoles

Comprueba si acertaste contando los frijoles que caben en una taza.
Organízate en equipo para contar.

1 decena es igual a 10 unidades.
1 centena es igual a 100 unidades.
1 millar es igual a 1 000 unidades.

18. Retrocedemos / Luis, Mónica e Itzel juegan sobre una pista. Lanzan dos dados. Si están en una casilla café, avanzan lo que marquen los dados; si están en una casilla roja, retroceden lo que marquen los dados.

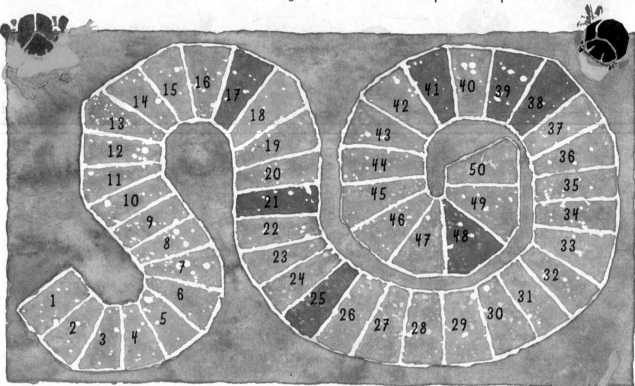

1 **Observa** el tablero y **contesta**.

Luis está en la casilla 25 y sus dados caen así:

¿Luis va a avanzar o a retroceder? _____

¿En qué casilla quedará Luis? _____

Mónica está en la casilla 33 y los dados caen así:

¿En qué casilla quedará? _____

Itzel está en la casilla 38 y los dados caen así:

¿En qué casilla va a quedar? _____

En la otra jugada pasó lo siguiente:
Mónica tuvo que retroceder 12 casillas y ahora está en la 5.

¿En qué casilla estaba? _____

Luis estaba en la casilla 48 y ahora está en la 40.

¿En qué números crees que cayeron sus dados? _____ Dibújales los puntos.

Compara tus resultados con los de tus compañeros.

2 Completa las tablas. Puedes utilizar la pista para encontrar las respuestas.

	Casilla de salida	Casillas que retrocede	Casilla de llegada
Mónica	48	10	
Luis	39	7	
Itzel	41	8	

Completa las siguientes restas:

41 − 8 = _____   39 − 7 = _____   48 − 10 = _____

Observa la tabla y las restas de arriba, luego **subraya** la resta que indica la jugada de Itzel.

	Casilla de salida	Casillas que retrocede	Casilla de llegada
Mónica	17		9
Luis	21		13
Itzel	25		20

Completa las siguientes restas:

21 − _____ = 13   17 − _____ = 9   25 − _____ = 20

3 Resuelve las siguientes restas y **comprueba** tus resultados con la calculadora.

28 − 7 = _____   16 − _____ = 10   2 0 − 9 = _____   31 − _____ = 20

4 Resuelve lo siguiente:

Luis estaba en la casilla 7. Lanzó 2 dados y en total avanzó 8 lugares. En la siguiente tirada retrocedió 4.

¿En qué casilla estará ahora? _____

5 Juega con tus compañeros como lo hicieron Itzel y sus amigos.

43

1. Observa la siguiente figura y coloréala según se indica.

   La serie que va de 5 en 5 de amarillo.

   La serie que va de 4 en 4 de verde.

   La serie que va de 2 en 2 de azul.

   La serie que va de 3 en 3 de anaranjado.

   La serie que va de 6 en 6 de morado.

44

2 Colorea la figura de la manera siguiente:
Rojo, donde el número que falta es el 2.
Amarillo, donde el número que falta es el 3.
Verde, donde el número que falta es el 4.
Azul, donde el número que falta es el 5.

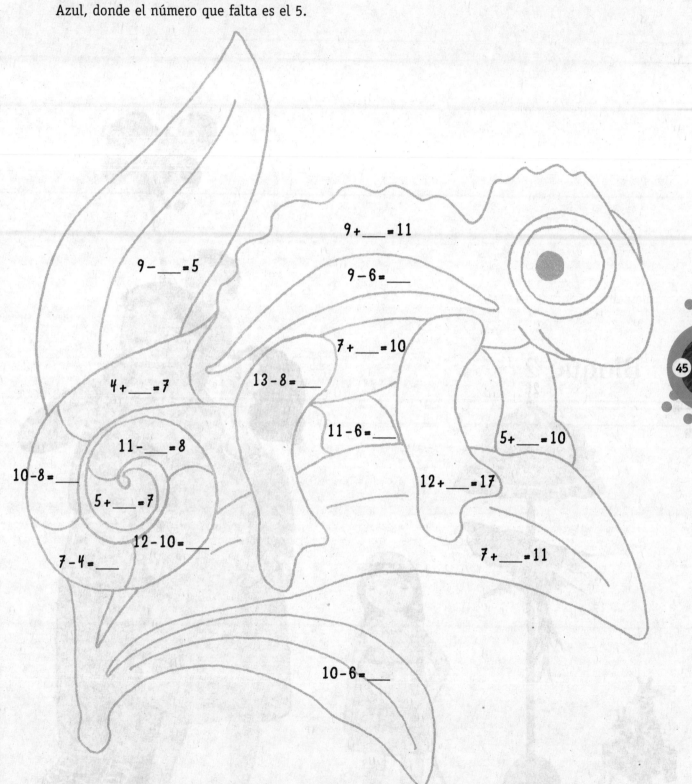

$9 + \underline{\quad} = 11$

$9 - \underline{\quad} = 5$

$9 - 6 = \underline{\quad}$

$7 + \underline{\quad} = 10$

$4 + \underline{\quad} = 7$

$13 - 8 = \underline{\quad}$

$11 - 6 = \underline{\quad}$

$5 + \underline{\quad} = 10$

$11 - \underline{\quad} = 8$

$10 - 8 = \underline{\quad}$

$12 + \underline{\quad} = 17$

$5 + \underline{\quad} = 7$

$12 - 10 = \underline{\quad}$

$7 - 4 = \underline{\quad}$

$7 + \underline{\quad} = 11$

$10 - 6 = \underline{\quad}$

Bloque 2

19. Entrada al zoológico

/ Pepe, Paco, Ana y Leti se pusieron de acuerdo para ir al zoológico. En la entrada del zoológico hay un contador para saber cuántas personas lo visitan.

1 **Observa** la imagen y **contesta** las preguntas.

¿En qué número estaba el contador antes de que Paco entrara? _____

¿A qué número llegó el contador después de que entró Paco? _____

¿A qué número llegó el contador después de que entró Ana? **Anótalo** dentro del contador.

A las 10 de la mañana, el contador marcaba: 0120; después entraron 20 alumnos

de una escuela. ¿Hasta qué número marcó el contador? _____

El contador marcaba 0875 y después entraron 25 niños.

¿A qué número llegó el contador? _____

A las 2 de la tarde, el contador marcaba: 0900; después entraron 100 personas.

¿Hasta qué número marcó el contador? _____

2 **Observa** los números que **marca** el contador y **completa** las series.

0	0	8	6		0	1	2	5		0	9	9	3		2	1	3	3
0	0	8	7		0	1	2	6		0	9	9	4		2	1	3	4
0	0	8	8		0	1	2	7		0	9	9	5		2	1	3	5
0	0	8	9		0	1	2	8		0	9	9	6		2	1	3	6
0	0				0	1				0	9				2	1		
0	0																	

3 En el material recortable número 6 encontrarás lo necesario para armar un contador. **Observa** cómo lo armó Julio.

4 **Utiliza** el contador para completar los números que faltan. El contador marca:

1	5	4	6		1	5	4	9		1	5	9	9										

entran 3   entran 50   entran 400   entra 1

2	9	2	0							2	9	5	5							3	0	0	0

+ 10   + 25   + 30   + 15

3	4	8	1							3	5	0	5							4	0	0	0

+ 19   + 5   + 95   + 400

20. Lo que es derecho no es chueco / Paco le dijo
a Pepe: ¡Pon atención, porque, si te fijas bien, podrás hacer líneas derechitas!

1 Observa lo que hizo Paco.

1. Tomó una hoja de papel y la dobló en dos partes.

2. Volvió a doblar en 2 la hoja, cuidando que las líneas del doblez de abajo coincidieran.

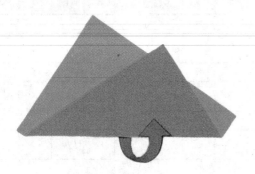

3. Extendió la hoja y dijo:

¡Las líneas que se marcaron son perpendiculares!

4. Pepe hizo dobleces a una hoja como Paco.

A mi hoja le falta un pedazo, pero también marqué líneas perpendiculares.

2 Dobla una hoja de papel como Paco y Pepe; luego **marca** con azul las líneas perpendiculares.

3 Vuelve a doblar tu hoja de papel y **utilízala** como escuadra para trazar líneas perpendiculares, como se ve en el dibujo.

4 **Dobla** nuevamente una hoja como lo hiciste para formar líneas perpendiculares. Vuelve a doblarla, cuidando que el borde de abajo coincida.

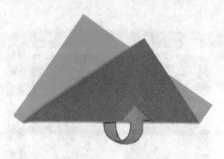  

5 **Desdobla** la hoja y **comprueba** que hayan quedado marcadas líneas como éstas:

Marca con color, en tu hoja, las líneas que en el dibujo están señaladas con flechas. **Las líneas que marcaste son paralelas.**

6 En el dibujo de abajo, **repasa** con color rojo las líneas que son paralelas.

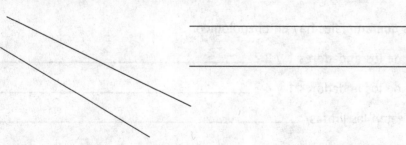

7 **Utiliza** la escuadra de papel para dibujar 2 rectángulos de diferente tamaño en el espacio de abajo.

Guarda tu escuadra de papel para poder usarla en otras lecciones.

21. El plano del zoológico / A la entrada del zoológico
hay un plano. Ana dijo: ¡Vamos a verlo, así sabremos qué animales visitar!

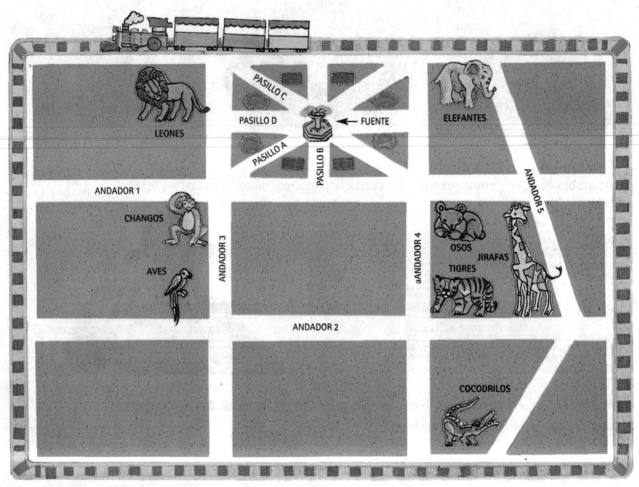

1 **Comenta** con tus compañeros qué animales hay en el zoológico.

¿Qué animales hay en la esquina de los andadores 1 y 3 ? _____

¿Qué animales hay en la esquina de los andadores 1 y 4 ? _____

¿Cómo indicarías el lugar donde están las jirafas? _____

En el zoológico hay un pequeño parque donde la gente se sienta a descansar.

¿Qué hay dentro del parque? _____

¿Cuántos pasillos cruzan por donde está la fuente? _____

¿Cuántos prados hay en el parque? _____

¿Qué forma tienen los prados de ese parque? _____

2 En una hoja **dibuja** los 8 prados del parque y **recórtalos**. **Forma** un rectángulo
con ellos y **dibújalo** en tu cuaderno.
Con las mismas figuras **diseña** 3 parques diferentes. **Dibújalos** en tu cuaderno.

3 **Observa** nuevamente el plano del zoológico. **Colorea** con amarillo 2 andadores que sean perpendiculares y con rojo 2 andadores que sean paralelos.

¿Cuáles andadores son paralelos al andador 1? _____

La figura de abajo corresponde a uno de los prados del zoológico.

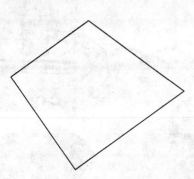 

Cálcala en una hoja de tu cuaderno y **averigua** qué prado del zoológico es.

¿Qué animales están en el prado que corresponde a esa figura? _____

¿Cuáles andadores rodean a este prado? _____

Pinta con rojo 2 lados de la figura que sean paralelos y con azul 2 lados que sean perpendiculares.

4 El dibujo de abajo es un tramo de la vía del trenecito en el que pasean los niños en el zoológico.

Los rieles del tren conservan entre sí la misma distancia. **Comenta** con tus compañeros, ¿qué crees que pasaría si la distancia entre los rieles de la vía no fuera siempre la misma?

5 **Observa** los objetos que hay en tu salón. ¿Cuáles tienen lados paralelos? **Dibújalos** en tu cuaderno. **Busca** en tus cuadernos, en tus libros, en tu mesa. ¿En dónde se forman líneas perpendiculares? **Utiliza** tu escuadra de papel doblado para averiguarlo.

6 **Dibuja** en tu cuaderno figuras que tengan lados paralelos y figuras que tengan lados perpendiculares. **Dibuja** también figuras que no tengan lados perpendiculares ni lados paralelos.

22. Un paseo en el zoológico / Pepe, Paco, Leti y Ana

vieron los animales del zoológico. Más tarde descansaron y compraron algunas cosas para comer. Cada uno cooperó con 20 pesos.

1 frasco de jugo $ 10
1 pastel de manzana $ 25
8 tacos de pollo $ 24
1 kilo de mandarinas $ 5
4 paletas $ 12
4 vasos $ 1
4 platos $ 2

1 Con base en la ilustración contesta las siguientes preguntas.

¿Cuántas mandarinas les dieron por un kilo? _____

¿Qué cuesta más, una paleta o un taco de pollo? _____

Con el jugo que tenía el frasco, se llenaron los 4 vasos y no sobró nada.

¿Qué parte del jugo pusieron en cada vaso? _____

¿Qué parte del jugo se usó para llenar 2 vasos? _____

¿Cuánto dinero reunieron en total? _____

¿Cuánto gastaron? _____

¿Cuánto dinero les sobró? _____

El jugo del frasco se lo repartieron en partes iguales.

¿Qué parte del jugo tomó cada niño? _____

¿Cuántos tacos comió cada niño, si se los repartieron en partes iguales? _____

¿Cuántas mandarinas le tocaron a cada niño, si las repartieron en partes iguales? _____

La mandarina que sobró se la repartieron en partes iguales.

¿Qué parte de la mandarina le tocó a cada niño? _____

2 **Dibuja** aquí un pastel y **divídelo** en partes iguales para que le toque lo mismo a cada niño.

¿Qué parte del pastel le tocó a cada niño? _____

3 Aparte de lo que los niños compraron, Ana llevó de su casa 2 barras de chocolate.
Se comieron una antes de la comida y la otra después.
Dibuja una barra de chocolate y **divídela** en partes iguales para que a cada niño
le toque la misma cantidad y no sobre.

¿Qué parte de la barra de chocolate le tocó a cada niño? _____

23. ¿Quién empieza el juego? / Leti, Ana, Paco, Pepe

y sus amigos van a jugar a las canicas. Primero, marcan una línea y cada uno tira su canica. El que queda más cerca de la línea empieza la partida. El que queda más lejos es el último en tirar.

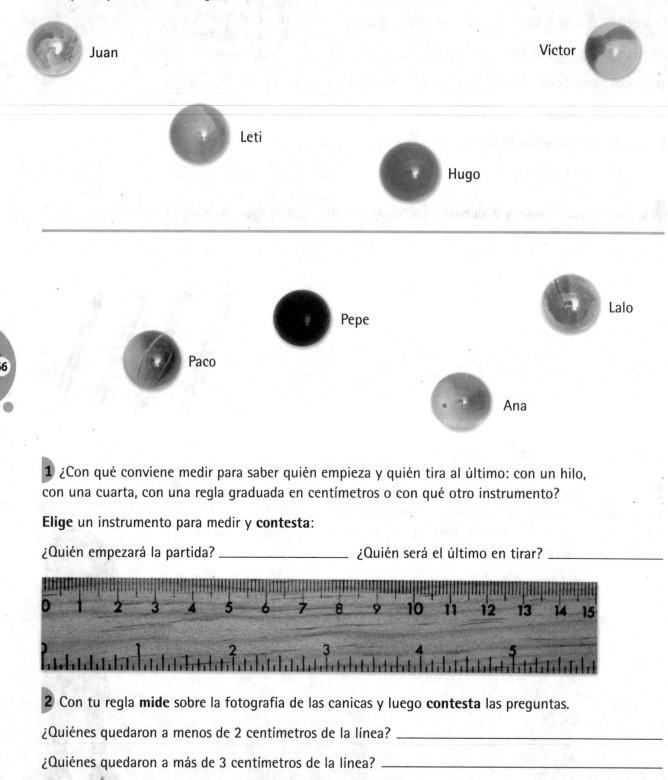

Juan

Víctor

Leti

Hugo

Pepe

Lalo

Paco

Ana

1 ¿Con qué conviene medir para saber quién empieza y quién tira al último: con un hilo, con una cuarta, con una regla graduada en centímetros o con qué otro instrumento?

Elige un instrumento para medir y **contesta**:

¿Quién empezará la partida? _____ ¿Quién será el último en tirar? _____

2 Con tu regla **mide** sobre la fotografía de las canicas y luego **contesta** las preguntas.

¿Quiénes quedaron a menos de 2 centímetros de la línea? _____

¿Quiénes quedaron a más de 3 centímetros de la línea? _____

Agrega en la fotografía 2 canicas que estén a 5 centímetros de la línea, cada una.

3 En el juego que están jugando nuestros amigos, gana el que queda más cerca de la canica negra. Abajo hay una fotografía de cómo quedaron las canicas. **Ayúdalos** a saber quién ganó.

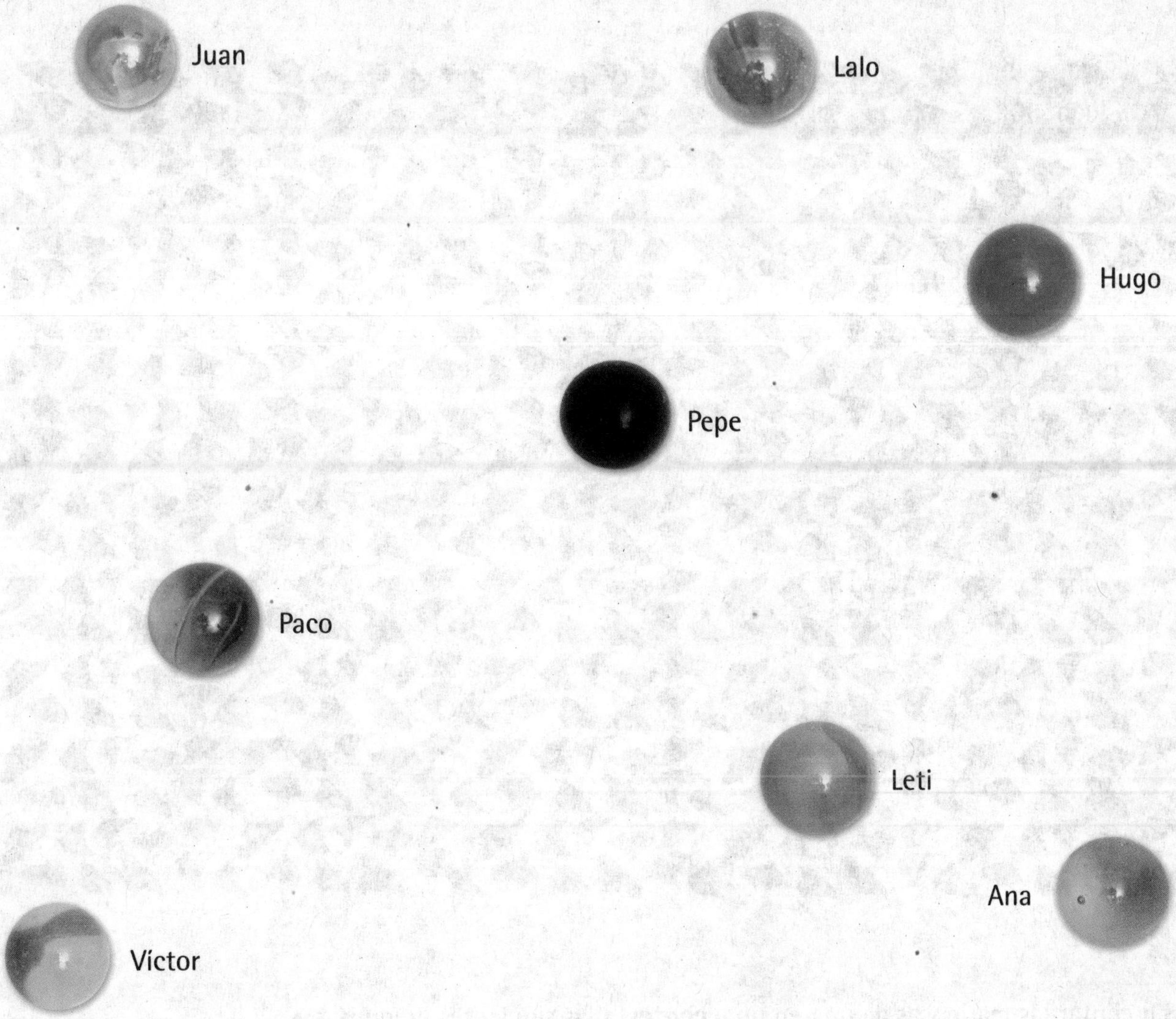

Juan

Lalo

Hugo

Pepe

Paco

Leti

Ana

Víctor

¿Quién quedó más lejos de la canica negra? _____

¿Quién ganó? _____ ¿Por qué? _____

¿Qué instrumento utilizaste para medir? _____

Agrega en la fotografía de arriba una canica que esté a 3 centímetros de la canica negra, una que esté a 6 centímetros y otra que esté a 8 centímetros.

En esta lección utilizaste el centímetro para medir. Esta línea mide un centímetro: ——

¿Cuántos centímetros tiene tu regla graduada? _____

¿Qué otras cosas podrías medir con el centímetro? _____

Coméntalo con tus compañeros.

24. ¿Como cuántas mariposas hay? / Pepe y Paco

viajaron a Michoacán y visitaron el santuario de la mariposa Monarca. Cada quien compró un dibujo con muchas mariposas.

1 Sin contar las mariposas de una en una, **contesta** las siguientes preguntas:

¿Cuántas mariposas crees que hay en el dibujo? _____

Observa el rectángulo sombreado que hay en el dibujo.

¿Cuántos rectángulos sombreados crees que caben en el dibujo? _____

Si en cada rectángulo hay 10 mariposas, ¿cuántas decenas de mariposas crees

que hay en el dibujo? _____

¿Cuántas centenas de mariposas crees que hay en el dibujo de Pepe? _____

Pepe dice que en su dibujo caben 50 rectángulos sombreados.

¿Cuántas mariposas calculó que hay en el dibujo? _____

Compara tus respuestas con las de 5 compañeros. ¿Quiénes se aproximaron más al resultado de Pepe?

58

2 Éstas son las mariposas que hay en el dibujo de Paco. Para saber cuántas mariposas tiene su dibujo, lo dividió en varios rectángulos como el sombreado.

¿En cuántos rectángulos crees que Paco dividió el dibujo? _____

¿Cuántas mariposas crees que hay dentro del rectángulo sombreado? _____

Ahora **cuéntalas**. ¿Cuántas son? _____ ¿Acertaste en tu estimación? _____

Paco dice que en su dibujo hay aproximadamente 500 mariposas. _____

¿Tú cuántas crees que hay? _____

Sin contar de una en una, **busca** una manera de calcular como cuántas mariposas hay en este dibujo.

3 **Calcula**: ¿cuántas centenas de mariposas hay en estas dos páginas? _____

¿Crees que se forme un millar de mariposas? _____

Si juntas 2 libros ¿como cuántas centenas de mariposas habrán dibujadas? _____

¿Y si juntas 6 libros? _____ **Compara** tus respuestas con las de tus compañeros.

25. El banquito / Leti, Ana y Pepe juegan al banquito. El juego tiene una regla: no se pueden formar las cantidades con más de 9 billetes o más de 9 monedas del mismo valor. Acompáñalos a jugar.

1 **Observa** la ilustración. ¿Le dio Pepe a Leti la cantidad correcta? _____

2 **Recorta** los billetes y monedas del material recortable número 7.
Utilízalos para realizar los siguientes ejercicios.

3 **Observa** los billetes y monedas que dio Pepe a sus compañeros.
Luego **anota** la cantidad total de dinero que le dio a cada uno.

Billetes $	Monedas $	Monedas $
100 100	10 10	1 1
100 100		1 1
100		

A Paco le dio: _____

Billetes $	Monedas $	Monedas $
100 100	10 10	1 1
100	10 10	1 1
	10	

A Ana le dio: _____

Billetes $	Monedas $	Monedas $
100 100	10 10	1 1
100 100		1 1
100 100		

A Leti le dio: _____

Completa lo que dice Paco:

Quiero $ 789.

Aquí tienes:
____ billetes de $ 100.
____ monedas de $ 10.
____ monedas de $ 1.

60

4 **Haz** la cuenta del dinero que le dio Pepe a sus compañeros durante todo el juego. **Completa** las tablas de abajo.

Leti

Billetes $	Monedas $	Monedas $	Cantidad
100 100 100	10 10 10	1 1 1	333
100 100	10 10 10 10 10	1 1 1 1	
100 100 100 100	10	1 1	
Total			

Paco

Billetes $	Monedas $	Monedas $	Cantidad
100 100 100 100	10 10	1	421
			214
			243
Total			

¿Cuánto dinero en monedas de $ 1 le dio Pepe a Paco? _____

¿Cuánto dinero le dio en monedas de $ 10? _____

¿Cuánto dinero le dio en billetes de $ 100? _____

Ana

Billetes $	Monedas $	Monedas $	Cantidad
			124
			360
			213
Total			

¿Quién recibió más billetes de $ 100, Leti, Paco o Ana? _____

¿Quién recibió más monedas de $ 10? _____

¿Quién recibió más monedas de $ 1? _____

5 **Trabaja** con un compañero. Tú le dices la cantidad que quieras y él la representa con billetes y monedas. Luego, él dice una cantidad más grande que la que tú dijiste y tú la representas. Cuando hayan dicho varias cantidades **guarda** el material recortable en el sobre de la página 207.

26. Reunimos dinero para ir al zoológico / Leti

y Ana contaron que el zoológico es muy bonito. Ahora todos los niños quieren visitarlo. Están juntando dinero para alquilar un autobús.

1 **Lee** lo que dice Leti y **contesta** utilizando el procedimiento que quieras para encontrar la respuesta.

¿Cuánto dinero se ha reunido para el alquiler del autobús? _____

Para saber cuánto habían reunido, Ana y Leti hicieron sus cuentas en tablas como éstas:

Ana

Billetes $ 100	Monedas $ 10	Monedas $ 1
1	2	5
3	5	3
Total 4	7	8

Leti

Centenas	Decenas	Unidades
1	2	5
3	5	3
Total 4	7	8

El procedimiento que utilizaste para sumar lo que reunieron para el autobús,

¿se parece al de Leti o al de Ana? _____

Coméntalo con tus compañeros.

2 Los niños de otros grupos también van a ir al zoológico.

Los de cuarto año reunimos $ 120 el lunes y $ 156 el viernes.

Los de quinto año reunimos $ 355 y luego $ 124.

Haz las cuentas de las cantidades que reunieron los niños. **Utiliza** las tablas de abajo.

Cuenta de cuarto año

Centenas	Decenas	Unidades
Total		

Cuenta de quinto año

Centenas	Decenas	Unidades
Total		

El alquiler de cada autobús cuesta $ 450. ¿Qué grupo ya completó esa cantidad? _____

3 **Resuelve** las siguientes sumas. **Suma** por columnas.

```
  c d u         c d u         c d u         c d u           c d u
                                                            2 2 8
  2 2 8         1 7 5         4 3 7         6 6 3       +      4 1
+ 3 4 1       + 7 2 4       + 2 5 0       +   3 6         3 3 0
_____       _____       _____       _____       _____
```

4 **Acomoda** los siguientes números para que los puedas sumar por columnas:

138 + 451 =

45 + 330 =

573 + 16 =

5 **Comprueba** los resultados de esta página con los billetes y monedas del material recortable.
Compara tu trabajo con el de tus compañeros.

27. La enciclopedia / Leti y Pepe fueron a la biblioteca y leyeron una enciclopedia. Pepe dijo: ¡Vamos a ver qué dice de los animales del zoológico!

La ardilla

Mide aproximadamente 30 centímetros de altura. Su cuerpo es esbelto y tiene una cola espesa. Es ágil y traviesa.

El chimpancé

Se alimenta principalmente de frutas y tallos. Llega a medir 80 centímetros de altura y vive cerca de 24 años.

La jirafa

Tiene el cuello largo pero poco flexible. También sus patas son largas pero frágiles. La jirafa llega a medir hasta 6 metros de altura, del suelo a la punta de la cabeza.

El elefante

Mide aproximadamente 4 metros de altura y se agrupa en manadas. La trompa le sirve para diversos usos: como una mano delicada que recoge un cacahuate sin romperlo, como manguera de agua o como brazo fuerte para defenderse de sus enemigos.

1 **Lee** con atención lo que dice la ilustración y **contesta**.

¿Cuánto mide de altura el elefante? _____

¿Cuánto mide de altura el chimpancé? _____

¿Qué animales de los que encontraron los niños en la enciclopedia miden más de 1 metro de alto?

_____

¿Cuál es el animal más alto? _____ ¿Cuál animal es el más bajo? _____

¿Cuántos metros más mide la jirafa que el elefante? _____

¿Cuántos centímetros menos mide la ardilla que el chimpancé? _____

¿Qué animal es más alto, uno que mide 1 metro o uno que mide 90 centímetros? _____

Anota el nombre de dos animales que tú conozcas:

Uno que mida más de 1 metro de altura.   Uno que mida menos de 1 metro.

_____   _____

2 **Observa** en la ilustración el camino que recorre la hormiga para llegar a su casa:

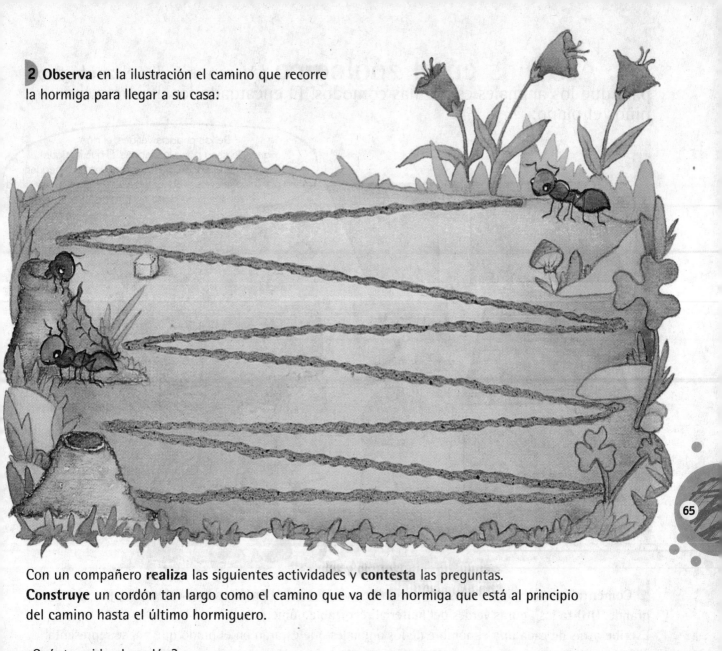

Con un compañero **realiza** las siguientes actividades y **contesta** las preguntas.
Construye un cordón tan largo como el camino que va de la hormiga que está al principio del camino hasta el último hormiguero.

¿Cuánto mide el cordón? _____

¿Cuánto mide el camino que recorrerá la hormiga para llegar al último hormiguero? _____

¿Cuántos centímetros camina la hormiga para llegar al terrón de azúcar? _____

¿Cuántos centímetros tiene que caminar para llegar a la casa de sus dos amigas? _____

Cuando la hormiga llegue a la casa de sus dos amigas, ¿cuántos centímetros

le faltarán para llegar al último hormiguero? _____

Con el cordón **marca** en el suelo un camino diferente al que está dibujado en tu libro.

3 **Compara** el camino que marcaste con el de tus compañeros.

¿Cuántos caminos diferentes marcaron? _____

¿Todos tienen la misma medida? _____ ¿Por qué? _____

28. Arreglos en el zoológico / Van a arreglar el zoológico para que los animales estén más cómodos. El encargado les mostró a los niños el plano:

De los prados verdes, el más grande será para los leones. El que le sigue en tamaño será para los elefantes. Uno más pequeño será para las jirafas, y el más chico de todos los prados verdes será para los chimpancés.

1 Comenta con tus compañeros una forma de averiguar cuál prado es más chico y cuál es más grande. **Utiliza** las figuras verdes del material recortable número 8.
Escribe atrás de cada una el nombre de los animales que estarán en el prado que ahí se representa.

2 Utiliza la regla y la escuadra de papel que construiste para trazar lo siguiente:
Un prado más chico que el de los elefantes y un prado más grande que el de las jirafas.

Explica a tus compañeros y a tu maestro cómo trazaste los prados.

3 Los terrenos de color lila que aparecen en el plano, se usarán para áreas recreativas.

El campo deportivo estará en el terreno más grande. El área para juegos ocupará el terreno mediano. La pista de patinar estará en el terreno más chico.

67

Utiliza las figuras azules del material recortable número 8 para averiguar cuál será el terreno para juegos y cuál será la pista de patinar. Luego, **ponles** su nombre a todos los terrenos.

4 **Toma** las 7 figuras que recortaste y **ordénalas** de la más grande a la más chica.
Observa las figuras ordenadas y **contesta** las preguntas:

¿Cuál es más chico, el prado para los chimpancés o la pista de patinar? _____

¿Cuál es más grande, el deportivo o el prado para los leones? _____

¿Hay prados más chicos que la pista de patinar? _____

5 **Une** las figuras que representan el prado de los elefantes y el de los chimpancés y **forma** con ellas un nuevo prado.
Une las figuras que representan el prado de los leones y el de las jirafas para formar un nuevo prado.

Compara los 2 prados que formaste. ¿Alguno es más grande?
Compara tus respuestas con las de tus compañeros.

29. El gato / Los niños fueron a comer. Después de la comida se pusieron a jugar al gato. Paco empezó siempre el juego y logró que nunca le ganaran.

1 **Juega** varias veces con algún compañero. **Traten** de averiguar lo que hizo Paco para no perder. **Usen** una hoja de su cuaderno.

¿Crees que haya alguna manera de no perder en el juego del gato? _____

¿Cuál sería esa manera? _____

En el juego del gato a veces se gana, a veces se pierde y a veces se empata. En otros juegos solamente se gana o se pierde.

¿Conoces algún juego en el que solamente se gane o se pierda? _____

¿Cómo se llama? _____

2 **Completa** los siguientes gatos, jugando con un compañero.

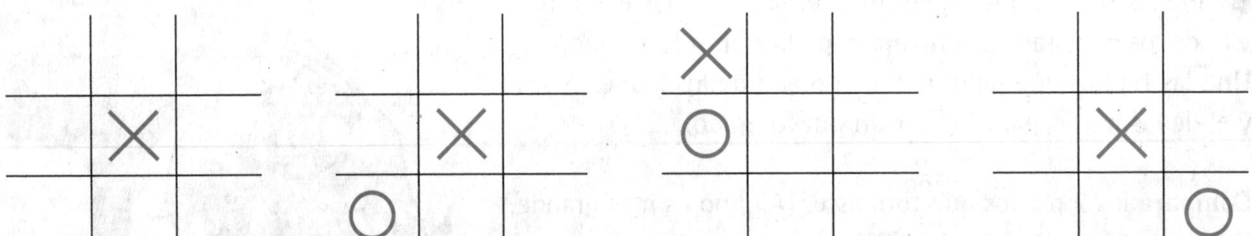

3 Después del gato, Paco propuso otro juego que se llama Carrera a 10.
Trata de entender las reglas, para que puedas jugar con tus compañeros.

Reglas del juego
Se juega entre dos personas.
El jugador que inicia el juego puede poner sólo el número 1 o el número 2.
El otro jugador puede sumar 1 o 2 al número que puso el primer jugador.
En las siguientes jugadas, siempre se le suma 1 o 2 al número que puso el jugador anterior.
Gana el juego el primer jugador que llegue a 10.

Fíjate cómo jugaron Pepe y Paco:
Pepe inició el juego y decidió empezar con el número **2**.
Paco decidió sumar uno y puso el **3**.
Pepe sumó dos y puso el **5**.
Paco sumó dos y puso el **7**.
Pepe sumó uno y puso el **8**.
Paco sumó dos, llegó al **10**.
¡Y ganó el juego!

Pepe	Paco
2	3
5	7
8	10

Completa los siguientes juegos y **anota** en cada caso quién ganó.

Pepe	Paco
	1

Pepe	Paco
	1

Pepe	Paco
	2

Pepe	Paco
	2

4 **Juega** varias veces con otros compañeros hasta que encuentren la clave para ganar.
Después, **comenta** con ellos y con tu maestro tus descubrimientos.

5 Después del juego, Pepe, Paco, Leti y Ana compraron 3 caramelos
y se los repartieron en partes iguales.
Marca los caramelos como tú creas necesario para saber cómo
se los repartieron sin que sobrara nada.

¿Cuánto le tocó a cada niño? _____

Compara tu respuesta con las de tus compañeros.

30. En la tienda del zoológico / Leti, Paco y Pepe
utilizan sus ahorros para comprar algunos recuerdos en la tienda del zoológico.

1 Con base en la ilustración, **contesta** las siguientes preguntas.

Pepe tiene este dinero: ⑩ ⑩ ① ① ① ① ① ①

¿Cuánto le falta para comprar 3 bolsas de animalitos? _____

Leti tiene este dinero: ⑩ ⑩ ① ① ① ① ①

¿Le alcanza para comprar un rompecabezas y una bolsa de chocolates? _____

¿Cuánto le falta o cuánto le sobra? _____

Paco tiene este dinero: ⑩ ⑩ ① ① ① ①

¿Le alcanza para comprar una pelota y 2 plumas? _____

¿Cuánto dinero le falta o cuánto le sobra? _____

¿Cómo hiciste para obtener los resultados de esta página? _____
Compara tu procedimiento con el de tus compañeros.

2 **Lee** cómo sacaron sus cuentas los niños:

Contesta las siguientes preguntas; **usa** el procedimiento de Leti para encontrar las respuestas.

Leti tiene $ 18, quiere un changuito de tela de $ 25, ¿cuánto le falta? _____

Paco tiene $ 15, compra una pluma y una pelota, ¿cuánto le queda? _____

3 **Resuelve** las siguientes restas.

d	u		d	u		d	u		d	u		d	u
5	7		2	8		5	9		7	8		9	2
5	4		1	5		2	4		6	0		6	2

4 **Acomoda** los siguientes números para que puedas restarlos en columnas:

77 − 42 =   84 − 22 =   41 − 21 =   150 − 30 =

5 **Resuelve** los siguientes problemas:

Paco compra 3 bolsas de chocolates y 4 plumas. Paga con $ 50.

¿Cuánto le sobra? _____

La maestra de Paco compró 5 pelotas, 4 rompecabezas y 5 bolsas de animalitos.

¿Cuánto pagó por todo? _____ ¿Cuántos animalitos compró? _____

71

31. Los animales que nos gustan / A la hora del recreo, cuando Ana y Leti estaban platicando, un gato se paró en la barda de la escuela.

1 **Observa** en la gráfica cómo fueron elegidos los animales en el salón de Ana y Leti.

Perico	Gato	Perro	Ardilla	Tortuga	Otros animales
	x				
	x				
	x	x			
x	x	x			
x	x	x	x		
x	x	x	x		x
x	x	x	x	x	x
x	x	x	x	x	x
x	x	x	x	x	x

Cada niño eligió un animal, ¿cómo se indicó en la tabla la elección de cada niño? _____

¿Cuál es el animal que más les gustó a los niños? _____

¿Qué animal es el preferido por menos niños? _____

Si Pedro prefiere un borrego, ¿en qué columna se anota? _____

2 ¿Qué animal te gusta más? _____

¿Qué animal crees que les gusta más a tus compañeros del salón? _____

¿Qué animal crees que les gusta menos? _____

3 Para averiguar si es cierto lo que crees, **pregunta** a tus compañeros y **registra** los animales que prefieren, como lo hicieron Ana y Leti. Escribe el nombre de cada animal al pie de la columna.

¿Qué animal prefieren más niños en tu salón? _____

¿Qué animal prefieren menos niños? _____

Compara estas 2 respuestas con lo que creías al principio.

¿Resultó lo que tú creíste? _____

Comenta esta última respuesta con tus compañeros.
Dibuja los 2 animales que les hayan gustado a más compañeros.

32. ¡A formar números! / Ana, Leti y Pepe juegan a formar números. Organiza con tus compañeros un equipo y acompáñenlos a jugar.

1 Con la ayuda del maestro **elaboren** 4 juegos de tarjetas como éstas:

0 1 2 3 4 5 6 7 8 9

2 **Revuelvan** las tarjetas y cada uno tome 4. Gana el que forme el número más grande. **Fíjate** cómo lo hacen Ana y sus compañeros.

> Yo formé el ocho mil trescientos veintinueve.

> Yo formé el ocho mil doscientos treinta y nueve.

> Yo, el dos mil quinientos treinta y uno.

8 3 2 9   8 2 3 9   2 5 3 1

¿Quién formó el número más grande? _____ ¿Qué número formó? _____

Cambia de posición las tarjetas de Ana para formar otros números. Luego, **anótalos** sobre las líneas.

____8 329____ _____ _____ _____

¿Cuál fue el número más grande que formaste con las tarjetas de Ana? _____

¿Cuál fue el número más chico? _____

¿Cuántos millares tiene el más grande?_____ ¿Cuántos millares tiene el más chico?_____
En otro juego pasó lo siguiente:

Ana tomó estas tarjetas: 2 8 0 9   y formó el **2 809**

Leti tomó estas tarjetas: 3 1 6 9   y formó el **3 169**

Pepe tomó estas tarjetas: 9 3 4 7   y formó el **9 347**

¿Quién formó el número más grande? _____

Escribe el número más grande que se puede formar con las tarjetas de Ana. _____

Descubre la clave para formar el número más grande con las tarjetas que te toquen en el juego.

Luego coméntalo con tus compañeros y con tu maestro.

3 ¿Cuál de los números que formaron los niños es el más grande? _____

¿Cuál es el número donde el 4 indica 400 unidades? _____

¿Cuál es el número donde el 3 indica 300 unidades? _____

En el número 8 531, ¿qué indica el 5? _____

En el 5 431, ¿qué indica el 5? _____

Subraya con rojo el 3 que representa más unidades en: 1 3 3 5

Subraya con rojo el 9 que representa más unidades en: 9 9 9 0

Con las tarjetas **1** **3** **4** **6** **forma** dos números, uno que tenga 6 millares

y otro que tenga 4 millares, luego **anótalos** sobre la línea: _____

¿Cuál es el más grande? _____ ¿Por qué? _____

Con las siguientes tarjetas **forma** cuatro números diferentes **4** **9** **7** **6**
y **ordénalos** de mayor a menor sobre las líneas de abajo.

_____   _____   _____   _____

33. Formas reflejadas en el agua

/ Junto al zoológico hay un pequeño lago. Paco y Pepe se sentaron en la orilla y observaron cómo se reflejaban las cosas en el agua.

1 ¿Alguna vez has visto una nube, un árbol o una casa reflejados en el agua? _____
¿Te has fijado cómo se ven? **Coméntalo** con tus compañeros.
Termina el dibujo de abajo para que las cosas se vean reflejadas en el agua.

¿Qué diferencia hay entre la casa original y la que se ve reflejada en el agua? _____

_____

2 **Completa** sobre la cuadrícula los siguientes dibujos, como si los vieras reflejados en el agua.

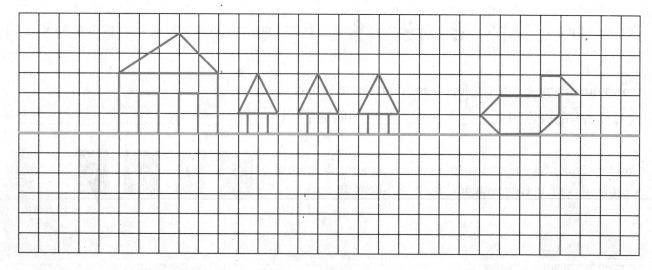

3 **Calca** en una hoja los dibujos que hiciste en la página anterior, **recórtalos** y después **dóblalos** por la línea azul como se indica.
¿Qué observas? **Coméntalo** con tus compañeros y con tu maestro.

4 En las siguientes figuras, como el papel está doblado, sólo se ve la mitad de cada una.
Imagina cómo se verían las figuras si el papel estuviera extendido y complétalas.

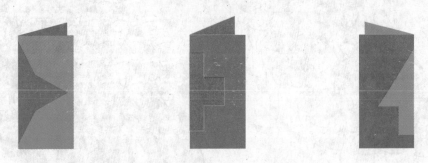

¿Qué figuras son? _____

5 En los siguientes dibujos, **traza** una línea azul donde creas que hay que doblar cada dibujo para que las dos partes que resulten coincidan en sus bordes. En algunos dibujos puedes trazar más de una línea. **Averigua** si trazaste correctamente las líneas usando el procedimiento que quieras.

  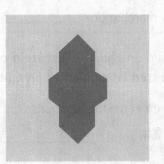 

Las líneas azules que trazaste se llaman ejes de simetría.

34. El desfile / En la ciudad hay un desfile. Ana, Leti, Pepe y Paco van a verlo. Les gusta contar las personas que van marchando. ¡Ayúdalos!

1 **Cuenta** las personas que marchan en el desfile. **Utiliza** el procedimiento que quieras.

¿Cuántas personas están marchando? _____

2 ¿Sabes qué es una fila o una hilera? **Discútelo** con tus compañeros y tu maestro. Cuando se hayan puesto de acuerdo **contesten** las siguientes preguntas.

¿Cuántos marineros hay en el desfile? _____ ¿Cuántos marineros hay en cada fila? _____

¿Cuántos deportistas hay en total? _____ ¿Cuántas filas de deportistas hay? _____

¿Cuántas niñas hay en cada fila? _____ ¿Cuántas niñas hay en total? _____

¿Cuántas filas de niños hay? _____ ¿Cuántos niños hay en total? _____

3 Ana y Leti juegan al desfile acomodando muñequitos sobre las cuadrículas.
¿Cuántos muñequitos habrá en cada cuadrícula cuando terminen de acomodarlos?

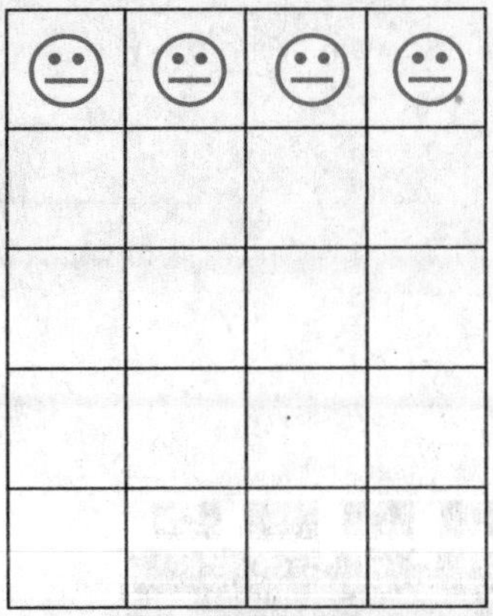

¿Cuántos muñecos habrá? _____

¿Cuántos muñecos habrá? _____

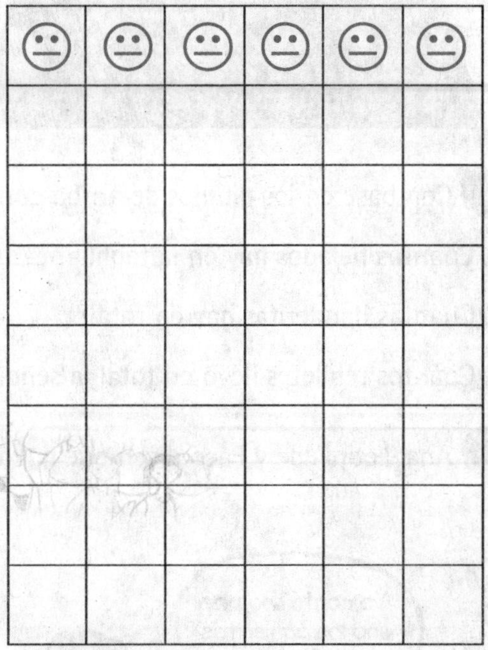

¿Cuántos muñecos habrá? _____

¿Cuántos muñecos habrá? _____

Si quieres, **termina** de dibujar los muñecos.

4 **Ayúdale** a Paco a calcular lo siguiente:

En 5 filas de 8 niños, ¿cuántos niños hay? _____

En 6 filas de 7 niños, ¿cuántos niños hay? _____

En 7 filas de 6 niños, ¿cuántos niños hay? _____

Comprueba si tus respuestas son correctas. Para hacerlo,
utiliza el procedimiento que quieras. **Compara** tus respuestas con las de tus compañeros.

5 **Anota** los resultados en la tabla de multiplicar del material recortable número 9.
Complétala poco a poco con otros resultados que obtengas.

35. Contamos y acomodamos / Muchas personas

ven pasar el desfile. Hay señores que venden helados, banderitas y rehiletes; los acomodan en tablitas como éstas:

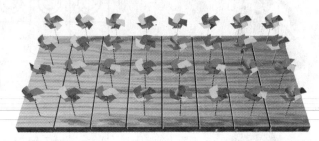

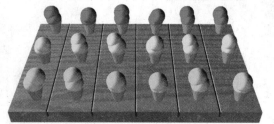
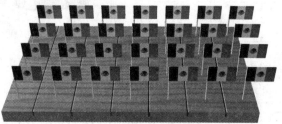

1 Con base en los dibujos de arriba **contesta** las preguntas. **Utiliza** el procedimiento que quieras.

¿Cuántos helados hay en la tablilla? _____

¿Cuántas banderitas hay en total? _____

¿Cuántos rehiletes llevó en total la señora? _____

2 Ana, Leti, Pepe y Paco dicen que cuentan así los agujeritos para los helados:

3 **Calcula** con el procedimiento que usó Leti y con el que usó Pepe cuántos agujeritos hay en la siguiente tablita:

Procedimiento de Leti

Procedimiento de Pepe

4 **Utiliza** las fotografías para comprobar si es cierto lo que dijo Paco.

El señor vendió 25 plumas, porque 5 x 5 = 25. La señora vendió 12 helados, porque 4 x 3 = 12.

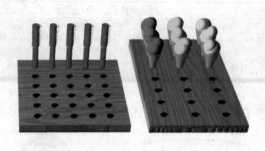

5 **Utiliza** el procedimiento que usó Paco en el ejercicio 4, para calcular los helados que se podrían poner en cada una de las siguientes tablitas:

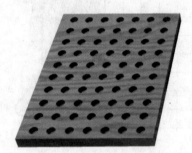

_____ X _____ = _____   _____ X _____ = _____   _____ X _____ = _____

6 **Reúne** 50 objetos pequeños para representar soldados. **Juega** con un compañero a formarlos de diferentes maneras. Todas las filas deben ser iguales.

Formen 36 soldados. ¿De cuántas maneras se pudieron formar? _____

Formen 48 soldados. ¿De cuántas maneras se pudieron formar? _____

Formen 25 soldados. ¿De cuántas maneras se pudieron formar? _____

Comenta tus respuestas con tus compañeros.

36. Jugamos al desfile / Ana y Leti juegan otra vez al desfile.

Para saber cómo acomodar los muñecos, sacan papelitos.

1 **Lee** lo que dice Ana y **coméntalo** con tus compañeros.

> Tengo que hacer 4 filas de 7 muñecos cada una porque salieron 4 y 7.

> Mi desfile es de 4 x 7 muñecos. Es decir, de 28 muñecos.

2 **Completa** lo que dice Leti y **dibuja** los muñecos sobre la cuadrícula.

> Saqué el 6 y el 8, tengo que hacer ____ filas de ____ muñecos.

> Este desfile será de 6 x 8 = ____

3 **Escribe** el número en los papelitos que sacaron los niños para formar el desfile.

Luego, **escribe** las multiplicaciones que corresponden.

_____   _____   _____

4 Unos niños hicieron los siguientes rectángulos en papel cuadriculado y luego les colocaron un dibujo encima. **Escribe** cuántos cuadritos tiene cada rectángulo.

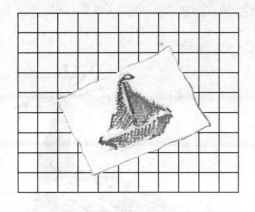

_____

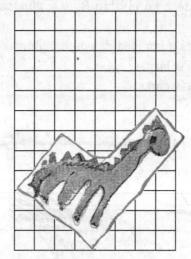

_____

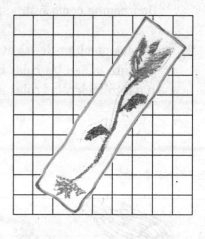

_____

5 **Resuelve** el siguiente problema. Si quieres, **dibuja** rectángulos en tu cuaderno.
El desfile va a pasar frente a la escuela. Los niños del salón de Ana acomodaron 10 filas de 8 sillas cada una para sentarse. ¿Cuántas sillas acomodaron? _____

6 Lee lo que platican Ana y Leti para contestar las siguientes preguntas.

¿Cuántas sillas están ocupadas? _____ ¿Cuántas sillas están vacías? _____

Durante el desfile, Leti dijo: ¡Son 100 niños en 10 filas! ¿Cuántos niños van en cada fila? _____

Ana dijo: ¡Yo conté 72 ciclistas, van formados en 8 filas! ¿Cuántos ciclistas van en cada fila? _____

Escribe las operaciones con las que se pueden resolver los problemas de esta página.

Compara tus respuestas con las de tus compañeros.

Las plumas más largas

Una página como ésta aparece en el libro *Pelos y plumas* de la colección Libros del Rincón.

1 Lee los nombres de las aves y las medidas de las plumas de sus colas.
¿Cuánto miden las colas más largas?
¿Cuánto miden las colas más cortas?

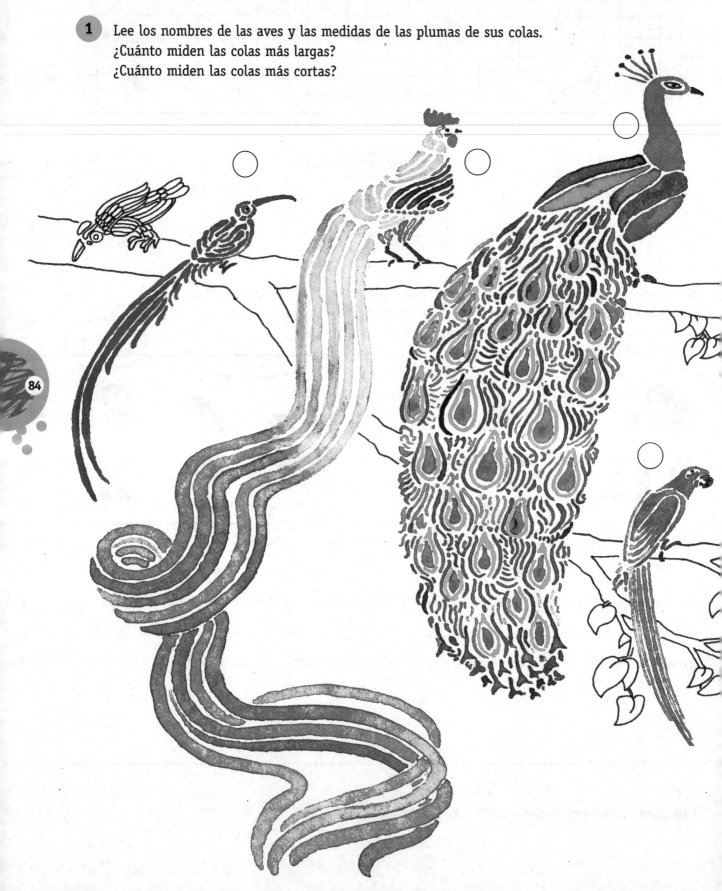

84

2 Anota a cada ave el número que le corresponda. Toma en cuenta lo que miden las plumas de su cola.

1. Pavo real; su cola mide 160 centímetros.
2. Faisán sagrado; su cola mide 180 centímetros.
3. Ave del paraíso con el pico de hoz; su cola mide 75 centímetros.
4. Guacamaya Jacinto; su cola mide 58 centímetros.
5. Momoto mexicano; su cola mide 25 centímetros.
6. Gallo japonés; su cola mide 13 metros.

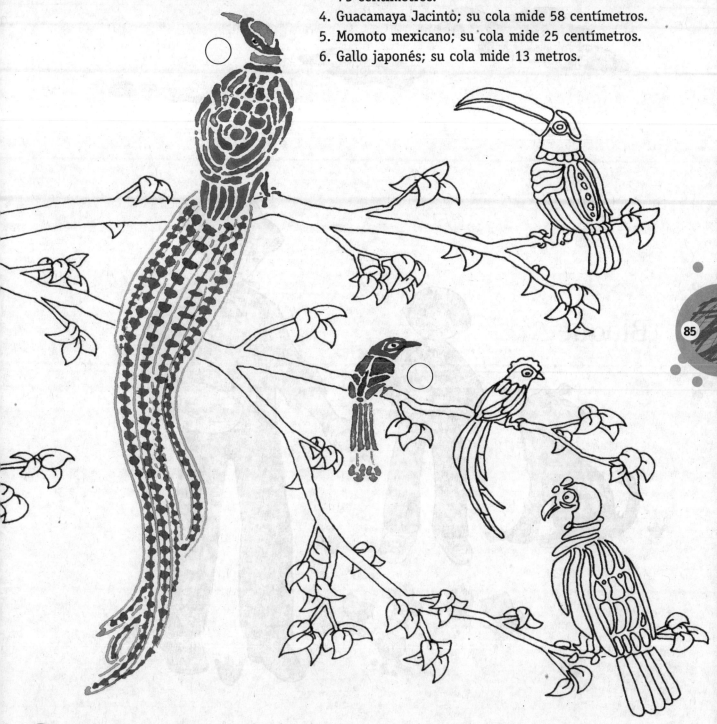

3 Inventa dos problemas que puedan resolverse con la información de estas páginas. Pide a un compañero que los resuelva.

Bloque 3

37. La terminal de autobuses / Paco fue a la terminal de autobuses porque quiere viajar a la granja de su tío.

SALIDAS	
De México a:	Cada
Texcoco	5 minutos
Puebla	15 minutos
Cuautla	10 minutos
Tlaxcala	20 minutos
Xalapa	30 minutos
Veracruz	1 hora

1 Contesta las siguientes preguntas.

¿A qué ciudad van los autobuses que salen más seguido? _____

¿A qué ciudad van los autobuses que salen menos seguido? _____

Paco va a viajar de México a Xalapa, donde está la granja de su tío. Llega a la terminal cuando el autobús acaba de salir.

¿Cuánto tiempo tiene que esperar para que salga el siguiente autobús? _____

Un señor va a viajar a Veracruz y llega a la terminal cuando el autobús acaba de salir.

¿Cuánto tiempo tiene que esperar la salida del próximo autobús? _____

2 Un reloj de manecillas marca las 5 en punto, es decir, las 5 horas con 0 minutos. Una manecilla marca las horas y la otra los minutos.

¿Cuál manecilla señala las horas, la grande o la chica? _____

¿Cuál manecilla señala los minutos? _____

El reloj marca las 5 horas con 5 minutos.

¿Cuántos minutos después de la hora han pasado cuando la manecilla grande

apunta al 1? _____

¿Cuántos minutos después de la hora han pasado cuando la manecilla grande

apunta al 2? _____

Dibuja las manecillas para que el reloj de la izquierda marque
las 9 horas con 15 minutos.

Las 9 horas con 15 minutos también se puede escribir así: 9:15.

3 **Dibuja** las manecillas a los relojes que no las tienen.

4:00 _____

4:05 _____

4:10 _____

4:15 _____

4:20 _____

4:25 _____

4:30 _____

4:35 _____

4 **Anota** la hora que marca cada reloj.

_____

_____

_____

_____

38. El establo / Paco visita el establo que hay en la granja de su tío. Ahí aprende qué se hace con la leche que producen las vacas.

1 crema

queso

$\frac{1}{2}$ l

$\frac{1}{4}$ l

1 l leche

20 l leche

20 l leche

1 Contesta las siguientes preguntas.

¿Qué alimentos se pueden hacer con la leche? _____

¿Cuánta leche contienen los 2 cántaros cuando están llenos? _____

¿De qué medidas hay frascos de crema? _____

¿Qué cantidad de crema hay, sumando la de todos los frascos? _____

2 De las cosas que hay en tu casa, ¿con cuáles podrías medir la leche? _____

¿Hay en tu casa recipientes de un litro? _____

¿De qué material están hechos? _____

¿Qué forma tienen? _____

¿Para qué se utilizan? _____

Escribe el nombre de 4 cosas que se midan con el litro. _____

Comenta tus respuestas con tus compañeros.

3 ¿Cuántos vasos crees que pueden llenarse con un litro de agua? _____

¿Como cuántos vasos de agua tomas al día? _____

¿Como cuántos litros de agua tomas al día? _____

Consigue un vaso y un recipiente de un litro de leche. **Averigua** si tus estimaciones
fueron correctas.

4 Ayuda a Pedro a resolver el siguiente problema:

Pedro sólo tiene un recipiente de 2 litros y otro de 5 litros.

¿Qué puede hacer para despachar 10 litros de petróleo? _____

¿Cómo puede despachar 12 litros de petróleo? _____

¿Cómo puede despachar 3 litros de petróleo? _____

Pedro le despachó a don Joaquín 9 recipientes de 2 litros, mientras que a doña Petra

le despachó 4 recipientes de 5 litros.

¿Quién compró más petróleo? _____

Un litro se escribe así: 1l o así: 1 litro.

91

39. Quesos y crema / Paco está contento en la granja de su tío. Ahora ya sabe que una parte de la leche que producen las vacas se utiliza para hacer quesos y crema.

1 Anota en las líneas los precios que faltan.
Toma en cuenta que si se compra la mitad o la cuarta parte, el costo también es la mitad o la cuarta parte.

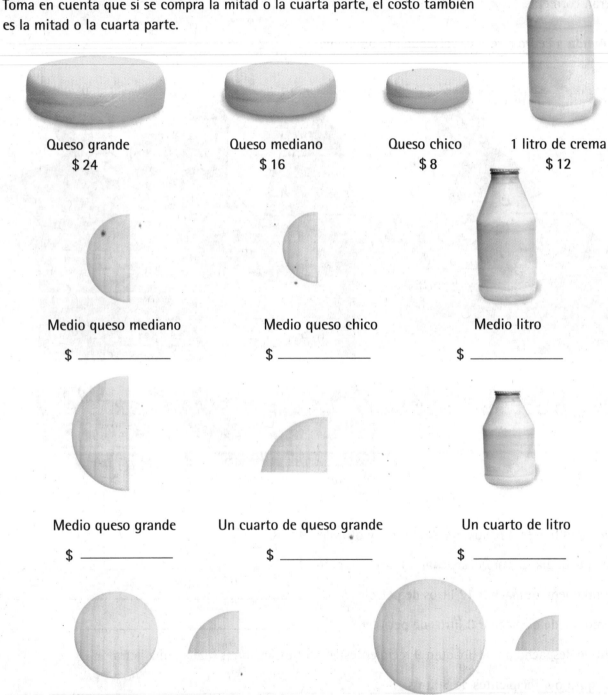

Queso grande
$ 24

Queso mediano
$ 16

Queso chico
$ 8

1 litro de crema
$ 12

Medio queso mediano

$ _____

Medio queso chico

$ _____

Medio litro

$ _____

Medio queso grande

$ _____

Un cuarto de queso grande

$ _____

Un cuarto de litro

$ _____

Un queso mediano y un cuarto de queso mediano

$ _____

Un queso grande y un cuarto de queso chico

$ _____

2 **Ayuda** a las personas a calcular lo que deben pagar. **Fíjate** en los precios de la página anterior.

Yo compré $\frac{1}{2}$ de litro de crema, un queso grande y $\frac{1}{4}$ de queso chico.

Yo compré un queso chico y $\frac{1}{4}$ de crema.

Yo compré $\frac{1}{2}$ queso mediano y 1 litro de crema.

3 **Resuelve** los siguientes problemas:

La señora Julia compró medio litro de crema, un queso grande y un cuarto de queso chico.

¿Cuánto pagó? _____

Doña Juana compró un queso chico y lo repartió en partes iguales entre sus cuatro hijas.

¿Cuánto le tocó a cada hija? _____

Agustín compró un litro de crema y lo repartió en partes iguales entre sus dos hermanos.

¿Cuánto le tocó a cada uno? _____

Para escribir cantidades como un medio o un cuarto, se pueden utilizar las fracciones.
Un medio se escribe así: $\frac{1}{2}$; **un cuarto se escribe así:** $\frac{1}{4}$.

40. La huerta / En la granja del tío, todas las mañanas, Paco y su prima Ana ayudaban a recoger naranjas.

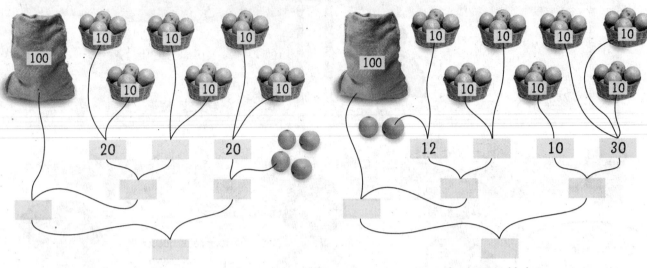

Paco recogió estas naranjas.   Ana recogió éstas.

1 **Anota** los números que deben ir en los rectángulos. Luego, **contesta** las preguntas.

¿Cuántas naranjas recolectó Paco en total? _____ ¿Cuántas recolectó Ana?_____

¿Cuántas naranjas hay en un costal de 100 más 10 canastas de 10? _____

2 **Usa** tu calculadora para contestar las siguientes preguntas.

En 2 costales de 100, más 13 canastas de 10 y 16 naranjas sueltas,

¿cuántas naranjas hay? _____

Con 789 naranjas, ¿cuántos costales de 100 se llenan? _____

¿Cuántas naranjas hay en 12 costales de 100? _____

3 En la siguiente tabla se anotaron las naranjas que recolectaron Paco y Ana. **Complétala**.

	Costales de 100	Canastas de 10	Naranjas sueltas	Total de naranjas
Domingo	1	2	4	124
Lunes	2	1	8	
Martes				345
Miércoles	8	6	3	
Jueves				847
Viernes				748

4 **Lee** lo que dicen Paco y Ana:

Con 100 + 70 + 2 puedo formar el número 172.

Con 30 + 300 + 3 puedo formar el número 333.

¿Qué número puedes formar con 40 + 8 + 200?

¿Qué número se forma con 80 + 700 + 9? _____

_____

Completa lo siguiente para saber qué números formaron Paco y Ana:

	m	c	d	u	
1 000 + 200 + 30 + 5 =	1	2	3	5	mil doscientos treinta y cinco
4 000 + 20 + 100 + 9 =	___	___	___	___	_____
600 + 3 000 + 50 + 2 =	___	___	___	___	_____

Anota cada número con una suma:

1 836 = _1 000_ + _800_ + _30_ + _6_   7 660 = _____ + _____ + _____ + _____

9 930 = _____ + _____ + _____ + _____   5 454 = _____ + _____ + _____ + _____

5 **Observa** la tabla de la página anterior.
El número de naranjas que recolectaron el jueves, ¿es mayor o menor que el número de naranjas que recolectaron el viernes? ¿Cómo lo sabes? **Coméntalo** con tus compañeros y con tu maestro.

Anota sobre las líneas, lo que corresponda.

29 ___ es menor que ___ 50   192 ___ es mayor que ___ 129

150 ___ es igual que ___ 150   425 _____ 500

150 _____ 240   523 _____ 532

1 000 _____ 999   748 _____ 874

Escribe un número que sea menor que 2 500 y mayor que 2 050 _____

6 **Representa** números con tu contador, luego **escríbelos** como sumas en tu cuaderno.

41. Los animales de la granja / El tío de Paco tiene muchos animales en su granja. Ana prefiere los conejos y a Paco le gustan los pollos.

1 Con base en la ilustración, **contesta**.

Adentro del establo hay 16 vacas, ¿cuántas vacas hay en total? _____

Todos los conejos están afuera, ¿cuántos conejos hay en la granja? _____

¿Cuántos pollos hay afuera del gallinero? _____

Dentro del gallinero hay 14 pollos amarillos y 16 pollos cafés.

¿Cuántos pollos hay dentro del gallinero? _____

¿Cuántos pollos hay en total en la granja? _____

¿Cuántos animales hay en total en toda la granja? _____

El tío de Paco dijo que le gustaría tener más conejos, ¿cuántos conejos deberá comprar

para completar 26? _____

¿Cuántos pollos amarillos deberá comprar el tío de Paco para tener la misma cantidad que

de pollos cafés? _____

2 ¿Cuánto crees que mide de altura un pollito? **Anota** sobre la línea lo que tú creas. _____

Paco y Ana fueron al gallinero. Paco midió la altura de un pollito recién nacido. Primero midió al pollito con un hilo, después puso el hilo sobre una regla para saber cuánto medía el pollito.

El pollito mide 8 centímetros y lo anoto así: 8 cm.

Paco volvió a medir la altura del pollito cuando tenía 5 días de nacido. Medía 12 centímetros.

¿Cuántos centímetros creció el pollito en esos 5 días? _____

3 **Mide** 2 animales pequeños como lo hizo Paco. **Anota** los nombres en la tabla y lo que miden de altura. Después, **dibújalos** en el espacio de la derecha.

Nombres	Altura

De los animales que mediste, ¿cuál es el más alto? _____

¿Cuál es la diferencia en centímetros entre los dos animales? _____

Dibuja en tu cuaderno el pollito que midió Paco; primero recién nacido y luego cuando tenía 5 días de nacido. **Recuerda** las medidas.

Compara tu trabajo con el de tus compañeros.

42. El mercado / La tía Lola va cada semana a hacer las compras. Esta vez, Ana y Paco le ayudaron a anotar las cuentas.

galletas
galletas
galletas

1 caja $ 6

1 frasco de miel $16

$ 14 la docena

$ 8

arroz $ 6 kilo

frijol $ 12 kilo

nueces $ 50 kilo

calcetines $ 12

rebozos $ 70

tenis $ 40

huaraches $ 20

Artículos	Importe $
2 frascos de miel	
1 cubeta	
3 kilos de frijoles	
4 kilos de arroz	
1 docena de flores	
3 pares de calcetines	
5 paquetes de galletas	
Total	

1 **Anota** las cantidades que faltan en el cuaderno de Ana y Paco.

Si la tía de Ana hubiera comprado 10 docenas de flores, ¿cuánto habría pagado por ellas? _____

2 Don Chon, el dueño del puesto de abarrotes, hace tablas para facilitarse las cuentas. **Ayúdale** a completarlas.

Nueces	
100 gramos	$ 5
200 gramos	
300 gramos	
400 gramos	
500 gramos	

Frijoles	
1 kilo	$ 12
2 kilos	
3 kilos	
4 kilos	
5 kilos	$ 60
6 kilos	

Arroz	
1 kilo	$ 3
2 kilos	
3 kilos	$ 9
4 kilos	
5 kilos	
6 kilos	

Flores	
1 docena	$ 14
2 docenas	$ 28
3 docenas	
4 docenas	$ 56
5 docenas	
6 docenas	

Con base en las tablas **contesta**:

¿Cuánto cuestan 6 kilos de frijoles? _____

¿Cuánto cuestan 500 gramos de nueces? _____

¿Cuánto cuestan 7 docenas de flores? _____

¿Cuánto cuestan 12 kilos de arroz? _____

3 Doña Luz apuntó en una libreta lo que vendió durante el día. **Observa** los precios de la página anterior y **anota** lo que cobró.

13   pares de calcetines $ _____

6   pares de tenis $ _____

7   rebozos $ _____

La tía Lola pagó $ 60 por varios pares de calcetines.

¿Cuántos pares de calcetines compró? _____

Doña Luz vendió 8 pares de zapatos y cobró $ 240. ¿A cuánto dio cada par? _____

Compara tus respuestas con las de tus compañeros.

43. Dibujos que informan / Paco pensaba que en Xalapa habría mucho sol, pero resultó que la mayor parte de los días que estuvieron en la granja fueron nublados y lluviosos.

Estado del tiempo			
			X
			X
			X
	X	X	X
	X	X	X
	X	X	X
X	X	X	X
X	X	X	X
Soleado	Medio nublado	Nublado	Lluvioso

1 Con base en el registro de Paco, **contesta** las siguientes preguntas.

Paco dijo que sólo 2 días estuvieron soleados. ¿Es cierto lo que dijo Paco?

Coméntalo con tus compañeros.

¿Cuántos días estuvo lluvioso? _____ ¿Cuántos días estuvo medio nublado? _____

¿Cuántos días estuvo nublado? _____

¿Durante cuántos días observó Paco el estado del tiempo? _____

¿Cuál es el estado del tiempo que se repitió más? _____

¿Cuál es el estado del tiempo que se repitió menos? _____

Hay dos estados del tiempo que se repitieron igual número de días,

¿cuáles son? _____

2 En la lección 12, hiciste un registro del tiempo durante 2 semanas.
Con esa información llena la gráfica de la izquierda. **Fíjate** cuántos días soleados hubo, cuántos días lluviosos, cuántos días nublados, cuántos días medio nublados y **anótalos** con una crucecita.

3 A partir de mañana, **observa** nuevamente el estado del tiempo durante 10 días y ve **poniendo marcas** en la gráfica de la derecha. Después **contesta** las preguntas que hay al final de esta lección.

Mes: _____

Mes: _____

Estado del tiempo			
Soleado	Medio nublado	Nublado	Lluvioso

Estado del tiempo			
Soleado	Medio nublado	Nublado	Lluvioso

¿A qué mes corresponde cada una de las 2 gráficas? _____

¿ A qué estación del año corresponde cada gráfica? _____

¿Cuál de los 2 meses fue más lluvioso? _____

¿En cuál de los 2 meses hubo más días soleados? _____

¿En cuál de los 2 meses hubo más días nublados? _____

¿Cuál de las 2 épocas del año te gusta más? _____

¿Por qué? _____

Comenta tus respuestas con tus compañeros.

44. El dominó / La granja del tío Nacho es un lugar muy tranquilo, parece que no pasan las horas. Por las tardes uno de los pasatiempos favoritos es jugar al dominó.

1 **Contesta** las siguientes preguntas. Si no sabes algunas respuestas **pregúntale** a tus compañeros o al maestro.

¿Como cuántas veces has jugado dominó? _____

¿Cuántas fichas tiene el juego de dominó? _____

¿Cuántos jugadores pueden participar? _____

Si participan 4 jugadores, ¿cuántas fichas le tocan a cada uno? _____

En el juego del dominó hay unas fichas a las que se llama "mulas". ¿Cuáles son? **Dibújalas**.

2 **Recorta** las fichas de dominó que hay en el material recortable número 10 y **contesta**:

¿Cuál es la mayor cantidad de puntos que hay en una ficha? _____

¿Cuál es la menor cantidad de puntos que hay en una ficha? _____

Observa cada ficha y **contesta** las preguntas.

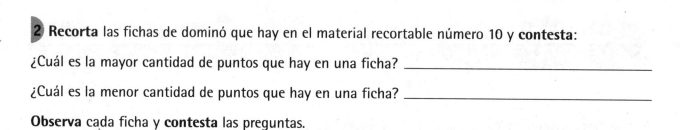

¿Cuántos puntos están cubiertos, si hay 11 puntos en total?

Si en ésta hay 9 puntos en total, ¿cuántos están cubiertos?

¿Cuántos puntos están cubiertos, si en total son 8?

_____   _____   _____

3 **Reúnete** con tres compañeros para jugar varias veces al dominó.

Antes de empezar, **contesta** las siguientes preguntas:

¿Quién crees que va a ganar el primer juego? _____

¿Quién crees que va a ganar más juegos? _____

¿Cuántos juegos crees que va a ganar cada jugador? _____

¿Quién crees que va a perder más juegos? _____

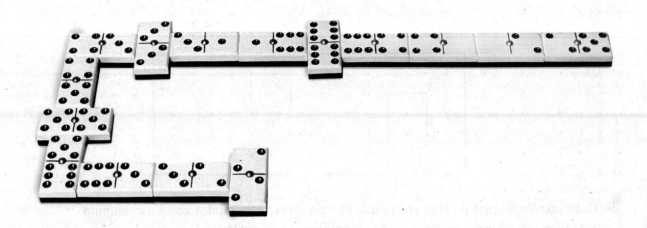

Después de jugar, **completen** la tabla que está abajo.

En cada juego, **pónganle** una palomita al ganador y un tache a los perdedores.

Nombre de los jugadores	Juegos									
	1	2	3	4	5	6	7	8	9	10

¿En cuántas de las preguntas que están arriba de la tabla acertaste? _____

¿Por qué crees que no acertaste en todas? **Coméntalo** con tus compañeros.

¿Crees que hay una manera de ganar siempre en el juego de dominó? _____

¿Es cierto o no es cierto que en el juego de dominó el que empieza siempre gana? _____

¿Conoces algún otro juego, parecido al dominó, en el que antes de empezar no se sepa quién

va a ganar? ¿Cómo se llama? _____

45. Fachadas / En la granja hay una casa muy vieja que tiene puertas y ventanas en la fachada.

1 El dibujo de abajo es la fachada de la casa, pero está incompleto. Debe tener dos ventanas y dos puertas iguales. **Dibuja** la ventana y la puerta que faltan de manera que el dibujo sea simétrico. Luego **marca** el eje de simetría en el dibujo.

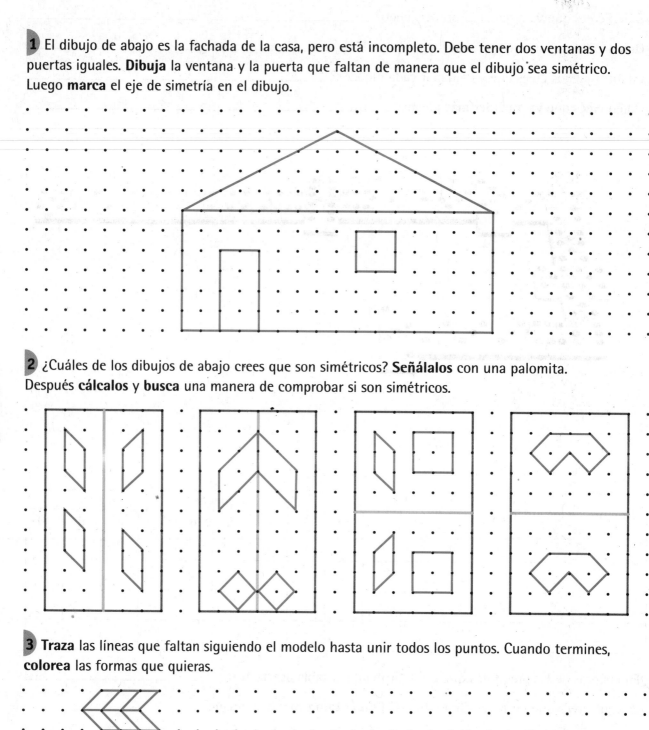

2 ¿Cuáles de los dibujos de abajo crees que son simétricos? **Señálalos** con una palomita. Después **cálcalos** y **busca** una manera de comprobar si son simétricos.

3 **Traza** las líneas que faltan siguiendo el modelo hasta unir todos los puntos. Cuando termines, **colorea** las formas que quieras.

104

4 En las siguientes figuras, **marca** con color rojo las que no pueden tener eje de simetría; con color azul, las que pueden tener un solo eje de simetría; con color verde, las que pueden tener dos ejes de simetría; con color amarillo, las que pueden tener tres ejes de simetría o más.

Comprueba si hiciste bien el ejercicio con el material recortable número 11.

5 En el dibujo de abajo hay varias hojas divididas a la mitad de distintas maneras.

¿En cuál lección del libro resolviste este problema? _____

En algunos casos, la línea que divide la hoja a la mitad es un eje de simetría, pero en otros no.
Marca con una palomita las figuras en las que la línea punteada es un eje de simetría.

46. A 10 por 1 / Durante el recreo, Luis, Mónica e Itzel jugaron a intercambiar fichas.

1 **Observa** con cuidado las ilustraciones, después **contesta** las preguntas.

Reglas para los intercambios:

⚪⚪⚪⚪⚪
⚪⚪⚪⚪⚪ valen ⚫ 1 roja   ⚫⚫⚫⚫⚫
⚫⚫⚫⚫⚫ valen ⚪ 1 azul   ⚫⚫⚫⚫⚫
⚫⚫⚫⚫⚫ valen ⚪ 1 verde

¿Cuántas fichas rojas le podrán dar a Itzel por sus fichas amarillas? _____

¿Cuántas fichas azules le darán a Luis por sus fichas rojas? _____

¿Cuántas fichas verdes le darán a Mónica por sus fichas azules? _____

2 Luis cambió fichas rojas y le dieron éstas: ⚫⚪ ¿Cuántas fichas rojas cambió? _____

Mónica tiene estas fichas:

Si las cambia por fichas amarillas, ¿cuántas le darán?

_____

Luis tiene estas fichas:

Si las cambia por fichas azules, ¿cuántas le darán?

_____

Itzel tiene estas fichas:

Si las cambia por fichas amarillas, ¿cuántas le darán?

_____

106

3 Con base en las reglas de intercambio de la página anterior anota en las líneas lo que corresponde.

Ficha amarilla ○ vale ___1___ punto.

Ficha roja ● vale _____ puntos.

Ficha azul ● vale _____ puntos.

Ficha verde ○ vale _____ puntos.

Luis, Mónica e Itzel combinaron el juego de intercambio de fichas con el de formar números con las tarjetas numeradas que usaron en la lección 32. **Fíjate** cómo lo hicieron.

En la primera jugada, Luis sacó estas tarjetas: y formó el número 5 4 3

Después, lo representó así con las fichas:

¿Qué número formó Luis con estas fichas?   _____

Dibuja las tarjetas que sacó Mónica. **Anota** el número que formó en cada jugada.

Primera jugada   _____

Segunda jugada   _____

¿Cuántas fichas amarillas tiene en total Mónica por las dos jugadas? _____

¿Le alcanzan las fichas rojas para cambiarlas por fichas azules? _____

Si cambia todas sus fichas azules por fichas verdes, ¿cuántas fichas verdes tendrá? _____

4 **Organízate** con tu equipo para jugar con las tarjetas "Al número más grande". Por turnos tomen 4 tarjetas y **formen** un número con ellas. Gana el que tenga el número mayor.
También pueden jugar "Al número más chico".

47. Escucha y corre / ¿Tienes "buen ojo"? Compruébalo jugando con tus compañeros.

Necesitan:
- Un pedazo de cuerda de un poco más de un metro de largo.
- Tres tiras de cartoncillo. Una de un metro de largo, otra de medio metro y otra de un cuarto de metro.

1 **Sigan** las instrucciones:

1 **Recorten** un papelito para cada niño; **numérenlos** del uno en adelante, **dóblenlos** y **revuélvanlos**. Cada uno **tome** un papelito y **conserve** su número en secreto, durante todo el juego.

2 **Dibujen** en el patio un círculo utilizando una cuerda y un trozo de gis, o una varita si el piso es de tierra.

3 **Colóquense** alrededor del círculo. Luego, el que tenga el número 1 **dirá**, en voz alta, este versito.

> Mantén el oído alerta que un número voy a decir, si es el que tú tomaste al centro debes venir. Se trata del... (se dice cualquier número).

4 Al escuchar el número, el niño que lo tenga **saltará** al centro; mientras, los demás corren para alejarse todo lo que puedan.

5 Cuando el niño que saltó pise el centro y grite "¡alto!", los demás tendrán que detenerse.

6 Después, calculará "a ojo" la distancia que hay desde el centro hasta el niño que quedó más cerca de él, utilizando como unidades de medida el metro, el medio metro y el cuarto de metro. Dirá, en voz alta, la distancia que calculó.

7 Con las tiras, **verifiquen** si la distancia que dijo es o no la correcta. Si acertó, gana el papelito del compañero. Si no acertó debe darle su papelito al compañero.

8 Los niños que pierdan su papelito salen del juego.

9 En el siguiente turno, dirá el versito el niño que tenga el número 2.

108

¡Alto!

3 metros y medio.

¡Acertó!

2 **Calcula** "a ojo" cuántos centímetros
hay de la canica a cada una de las figuras.

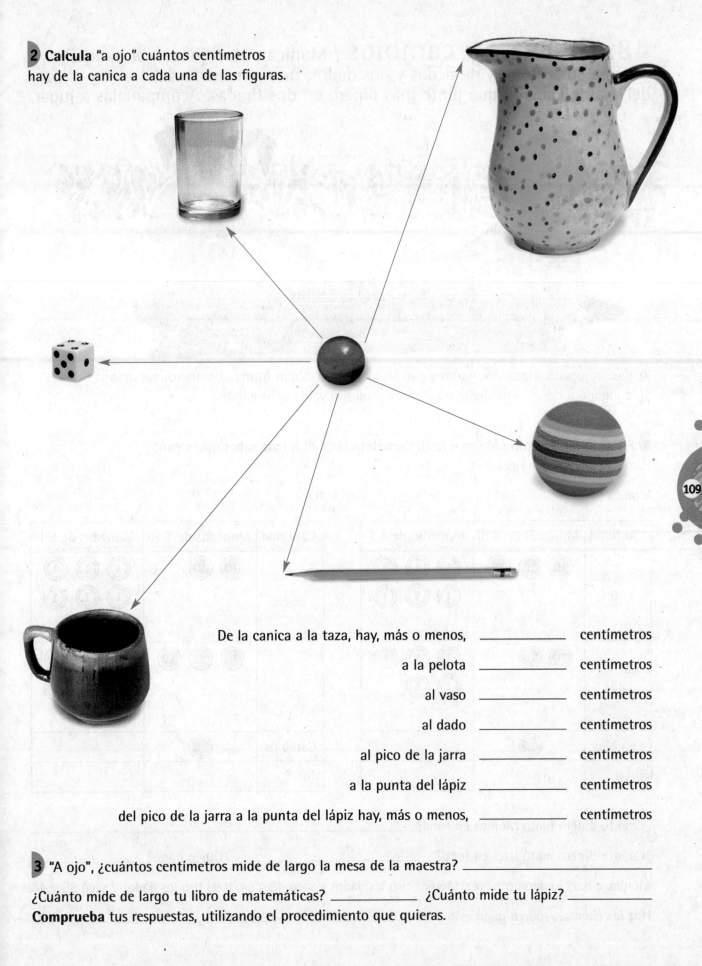

De la canica a la taza, hay, más o menos, _____ centímetros

a la pelota _____ centímetros

al vaso _____ centímetros

al dado _____ centímetros

al pico de la jarra _____ centímetros

a la punta del lápiz _____ centímetros

del pico de la jarra a la punta del lápiz hay, más o menos, _____ centímetros

3 "A ojo", ¿cuántos centímetros mide de largo la mesa de la maestra? _____

¿Cuánto mide de largo tu libro de matemáticas? _____ ¿Cuánto mide tu lápiz? _____
Comprueba tus respuestas, utilizando el procedimiento que quieras.

48. Cuentas y cambios / Mónica e Itzel juegan al banquito.

Utilizan sus billetes y monedas y dos dados, uno numerado del 1 al 6 y el otro del 4 al 9. Gana la que junte más dinero en dos tiradas. Acompáñalas a jugar.

Reglas: la jugadora lanza los dados y con las cifras que salgan forma el número más grande.
Si la jugadora tiene 10 monedas o billetes del mismo valor, debe cambiarlos.

1 **Fíjate** cómo jugaron Mónica e Itzel. **Completa** las tablas para saber quién ganó.
Haz los cambios que necesites.

Mónica

Cantidad	Monedas de $ 10	Monedas de $ 1
36	⑩ ⑩ ⑩	① ① ① ① ① ①
25	⑩ ⑩	① ① ① ① ①
Cambios	⑩	
Total		

Itzel

Cantidad	Monedas de $ 10	Monedas de $ 1
27	⑩ ⑩	① ① ① ① ① ① ①
38	⑩ ⑩ ⑩	① ① ① ① ① ① ① ①
Cambios	⑩	
Total		

¿Cuánto dinero juntó Mónica en total? _____

¿Cuánto dinero juntó Itzel en total? _____ ¿Quién ganó? _____

Mónica e Itzel jugaron otra vez. Mónica tiró los dados y sacó 48 y 54. Itzel tiró los dados y sacó 65 y 46.

Haz las cuentas, ¿quién ganó esta vez? _____

110

2 Luis y Mónica jugaron al banquito con 3 dados.
Calcula cuánto ganó cada uno.

Luis

Cantidad	Billetes	Monedas de $ 10	Monedas de $ 1
465	100 100 100 100	10 10 10 10 10 10	1 1 1 1 1
246	100 100	10 10 10 10	1 1 1 1 1 1
Cambios			
Total			

Mónica

Cantidad	Billetes	Monedas de $ 10	Monedas de $ 1
166	100	10 10 10 10 10 10	1 1 1 1 1 1
471	100 100 100 100	10 10 10 10 10 10 10	1
Cambios			
Total			

¿Quién ganó en el juego del banquito, Mónica o Luis?_____

3 **Resuelve** lo siguiente:

Luis puso sobre la mesa 5 monedas de $ 10, 4 billetes de $ 100 y 3 monedas de $ 1.

Se le cayeron 2 monedas de $ 10 y un billete de $ 100.

¿Cuánto dinero quedó sobre la mesa? _____

Luis tenía $ 875. Mónica le pagó $ 190.

¿Cuánto dinero tiene ahora Luis? _____

4 **Juega** con tus compañeros como jugaron Mónica, Itzel y Luis.

49. Figuras y superficies / Mónica, Toño e Itzel tratan de calcular en cuál figura cabe más veces el rectángulo rojo. ¡Ayúdales!

1 ¿En cuál figura crees que caben más rectángulos como éste?

Anota aquí lo que tú creas. _____

Utiliza el rectángulo azul del material recortable número 12 y **comprueba** tu respuesta.

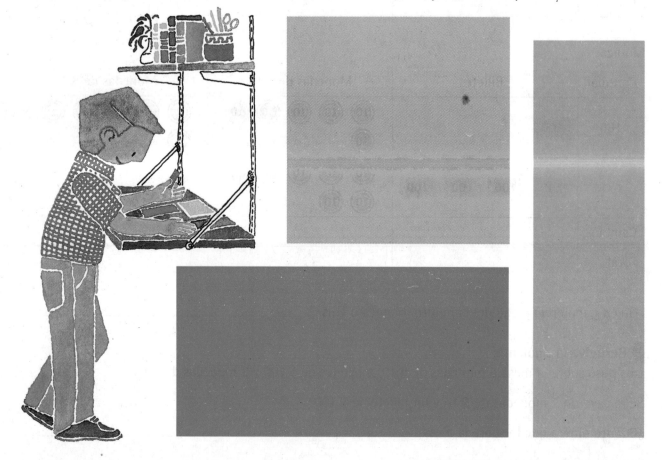

¿Cuántos rectángulos azules cupieron en la figura roja? _____

¿Y en la amarilla? _____ ¿Y en la verde? _____

¿Cuál figura es más grande? _____ ¿Fue correcta tu estimación inicial? _____

2 ¿En cuál de las siguientes figuras crees que caben más triángulos como éste?

_____

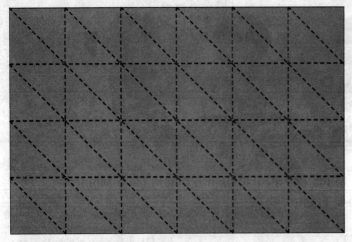

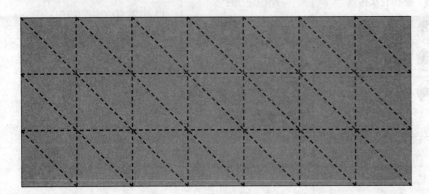

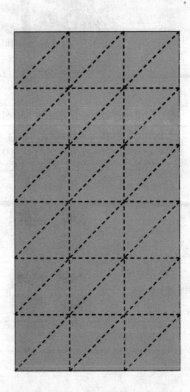

Averigua si tu respuesta es correcta. **Discute** con tus compañeros cómo pueden hacerlo.

En la figura roja caben _____ triángulos.

En la figura azul caben _____ triángulos.

En la figura naranja caben _____ triángulos.

¿Cuál es la figura más grande? _____ ¿Tu respuesta inicial fue correcta? _____

Compara tu trabajo con el de tus compañeros.

50. ¡Otra vez el banquito! / Mónica juega con sus amigas al banquito.

> Gané $ 375 y luego gané $ 417.

1 ¿Cuánto dinero ganó Mónica en total? Una forma de calcular cuánto dinero ganó Mónica es la que está abajo; tú ya la conoces. **Termina** la cuenta.

Cantidad	Billetes $	Monedas $	Monedas $
375	100 100 100	10 10 10 10 10 10 10	1 1 1 1 1
417	100 100 100 100	10	1 1 1 1 1 1 1
Cambios			
Total			

Otra forma de calcular el dinero que ganó Mónica es la siguiente:

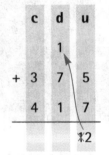

	c	d	u
		1	
+	3	7	5
	4	1	7
			12

¿Por qué llevaron el 1 del 12 a la columna de las decenas?

Discútelo con tu maestro y tus compañeros.

¿Cuánto dinero acumuló Mónica? _____

2 **Haz** la siguiente suma. **Comprueba** tu resultado utilizando los billetes y monedas del material recortable.

	c	d	u
	2	4	7
+	4	8	2

Cantidad	Billetes $	Monedas $	Monedas $
247	100 100	10 10 10 10	1 1 1 1 1 1 1
482	100 100 100 100	10 10 10 10 10 10 10 10	1 1
Cambios			
Total			

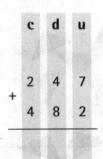

3 **Resuelve** las siguientes sumas. **Comprueba** tus resultados con los billetes y monedas del material recortable. No olvides hacer los cambios.

c	d	u
5	2	8
6	9	1

+

c	d	u
1	6	9
	8	5

+

c	d	u
4	1	2
2	5	7
3	1	6

+

4 **Resuelve** estas sumas.

c	d	u
4	2	0
5	5	8

+

c	d	u
7	8	3
2	5	1

+

c	d	u
	7	8
6	1	5

+

c	d	u
3	0	7
9	4	6

+

5 **Acomoda** en columnas los siguientes números para que puedas sumarlos.

157 + 941 + 36   74 + 816   125 + 430 + 254

115

6 **Resuelve** en tu cuaderno los siguientes problemas.

En un costal hay 98 naranjas y en otro costal hay 135 naranjas,

¿cuántas naranjas hay en total en los dos costales? _____

Mónica abrió otro costal y sacó 86 naranjas. En el costal quedaron 58 naranjas.

¿Cuántas naranjas había en el costal? _____

51. Las canicas / A Luis y a Toño les gusta jugar a las canicas.

Tienen muchas porque guardan todas las que ganan. Ahora están acomodándolas en las cajas.

Luis

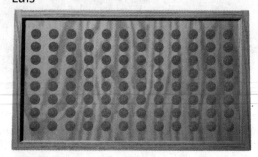

Toño

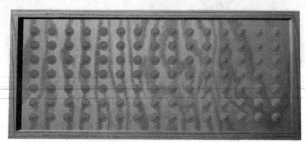

1 Luis dice que tiene 12 x 8 canicas y Toño dice que tiene 15 x 7 canicas.

¿Es cierto lo que dice Luis? _____ ¿Es cierto lo que dice Toño? _ _____

¿Quién tiene más canicas, Luis o Toño? _____

Para saberlo, **calcula** cuántas canicas tiene cada uno, con el procedimiento que quieras.

2 Fíjate en los procedimientos que utilizaron Luis y Toño para obtener sus respuestas.

> Para contar mis canicas sumé 8 + 8 + 8 + 8 + 8 + 8 + 8 + 8 + 8 + 8 + 8 + 8. Yo tengo 96 canicas.

> Para contar las canicas de Toño sumo: 7 + 7 + 7 + 7 + 7 + 7 + 7 + 7 + 7 + 7 + 7 + 7 + 7 + 7 + 7 ¡Son 105! ¡Tienes más tú!

> Para contar mis canicas, primero separo 15 en 10 y 5. Luego multiplico 10 x 7 = 70. Multiplico 7 x 5 = 35 y sumo 70 + 35 = 105.

> Hice lo mismo para multiplicar 12 x 8. Separé 12 en 10 y 2. Multipliqué 10 x 8 = 80. Multipliqué 2 x 8 = 16 y sumé 80 + 16 = 96.

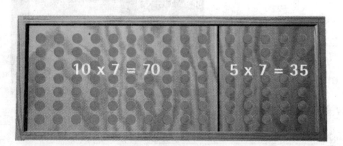

10 x 7 = 70   5 x 7 = 35

70 + 35 = 105

En total: 7 x 15 = 105

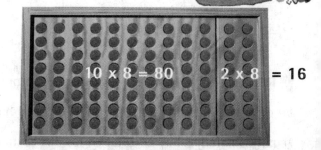

10 x 8 = 80   2 x 8 = 16

80 + 16 = 96

En total: 8 x 12 = 96

3 **Calcula** el número de canicas que hay en cada caja con el procedimiento que usó Toño.

Aquí hay 17 x 8 canicas

10 x 8 =   7 x 8 =

Aquí hay 19 x 9 canicas

10 x 9 =   9 x 9 =

_____ + _____ = _____

En total: _____ x _____ = _____

_____ + _____ = _____

En total: _____ x _____ = _____

Aquí hay 10 x 10 canicas

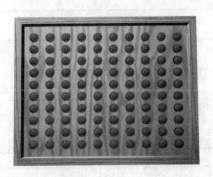

Aquí hay 12 x 10 canicas

Aquí hay _____ x _____ canicas

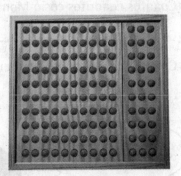

_____ + _____ = _____

En total: _____ x _____ = _____

_____ + _____ = _____

En total: _____ x _____ = _____

_____ + _____ = _____

En total: _____ x _____ = _____

¿Cuántas canicas verdes hay en total? _____ ¿Cuántas canicas rojas hay en total? _____

¿Cuántas canicas azules hay en total? _____ ¿De qué color hay más canicas? _____

4 **Resuelve** las siguientes multiplicaciones; si quieres **haz** rectángulos en tu cuaderno para comprobar si las resolviste correctamente.

8 x 10 = _____   10 x 10 = _____   12 x 10 = _____   7 x 10 = _____

En una caja hay 80 canicas acomodadas en hileras. ¿De cuántas maneras pueden estar acomodadas si cada hilera tiene el mismo número de canicas? _____

117

52. Cobijas de cuadritos / En el grupo de Mónica e Itzel hacen cuadritos de tela para hacerles cobijas a sus muñecas.

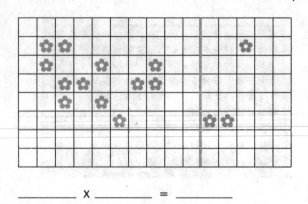

_____ x _____ = _____

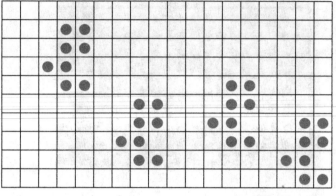

_____ x _____ = _____

1 Mónica hizo la cobija de flores, Itzel hizo la cobija de puntos.

Ayúdales a saber cuántos cuadritos cosieron. Puedes hacer separaciones como las que hizo Toño en la lección anterior.

¿Cuántos cuadritos cosió Mónica? _____

¿Cuántos cosió Itzel? _____

¿Cuántos cuadritos cosieron entre las dos? _____

¿Quién hizo una cobija de 18 x 10 cuadritos? _____

Yo quiero hacer una cobija como ésta.

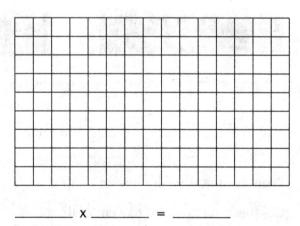

_____ x _____ = _____

¿Cuántos cuadritos necesita Rosa para la cobija? _____

Si ya tiene 104 cuadritos, ¿cuántos le faltan o cuántos le sobran? _____

2 Meche también quiere saber cuántos cuadritos necesita para la cobija de su muñeca. Ella va a hacer una cobija de 15 x 10 cuadritos. **Dibuja** la cobija en tu cuaderno, **haz** las separaciones que quieras y **ayúdale** a saber cuántos cuadritos necesita.

118

3 En la cobija que está dibujada abajo, hay 18 x 7 cuadritos. Una forma de saber cuántos cuadritos tiene es la siguiente; tú ya la conoces:

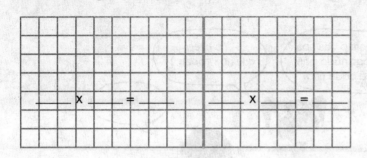

Otra forma de calcular los cuadritos es multiplicar como lo hizo Itzel:

$$
\begin{array}{r}
1\ 8 \\
\times \quad\ 7 \\
\hline
5\ 6 \quad \longleftarrow \quad 7 \times 8 \\
7\ 0 \quad \longleftarrow \quad 7 \times 10 \\
\hline
1\ 2\ 6 \quad \longleftarrow 56 + 70
\end{array}
$$

La cobija tiene _____ cuadritos.

¿Se obtuvo el mismo resultado con los dos procedimientos? _____

¿Dónde puso Itzel el resultado de 7 x 8? **Coloréalo** con verde.

¿Dónde puso Itzel el resultado de 7 x 10? **Coloréalo** con rojo.

4 **Reúnete** con un compañero y **utilicen** el procedimiento de Itzel para resolver las multiplicaciones de abajo.

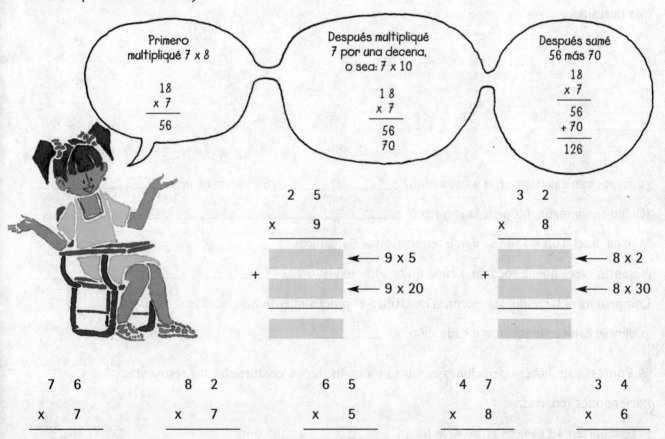

Comprueba las multiplicaciones haciendo rectángulos en tu cuaderno y utilizando la calculadora.

53. ¿Cuánto tendrá cada quien?/ A los niños les gusta jugar a las canicas durante el recreo. Hoy van a repartir las canicas para que todos tengan la misma cantidad.

1 Sin hacer operaciones escritas ni dibujos, **contesta**:

¿Quién crees que tiene razón? _____

Averigua si tu respuesta es la correcta. **Utiliza** este espacio para hacer las operaciones o los dibujos que necesites.

¿Cuántas canicas le tocaron a cada niño? _____ ¿Sobraron canicas? _____

¿Quién tenía razón, Mónica, Luis o Itzel? _____

Mónica, Itzel, Luis y Toño se van a repartir otras 64 canicas.

¿Cuántas crees que le tocarán a cada quien: 12, 16, 18 o 20? _____

Comprueba si tu respuesta es correcta. **Utiliza** el procedimiento que quieras.

¿Cuántas canicas le tocaron a cada niño? _____

2 **Contesta** sin hacer operaciones escritas ni dibujos; luego **comprueba** tus respuestas

haciendo los repartos.

Si se reparten 48 canicas entre 4, le tocan _____ a cada uno.

Si se reparten 63 canicas entre 7 le tocan _____ a cada uno.

Haz otros repartos con tus compañeros. Pueden utilizar billetitos o piedritas.

3 Meche, Mónica y otros compañeros van a jugar con las cartas numéricas.
Meche tiene que repartir 48.

Yo creo que nos tocan 6 cartas.

Yo pienso que nos tocarán 8 cartas.

Contesta sin hacer operaciones escritas ni dibujos. ¿Quién tiene razón? _____

Comprueba si tu respuesta es correcta. **Utiliza** este espacio para repartir las 48 cartas entre los 6 niños.

¿Cuántas cartas le tocaron a cada niño? _____ ¿Sobraron cartas? _____

4 **Contesta** las siguientes preguntas, sin hacer operaciones escritas ni dibujos.

Se repartieron 48 cartas entre 7 niños. ¿Cuántas crees que le tocaron a cada uno? _____

¿Crees que les sobraron? _____ ¿Cuántas? _____

Se repartieron 48 cartas entre 5 niños. ¿Cuántas crees que le tocaron a cada uno? _____

¿Crees que le sobraron? _____ ¿Cuántas? _____

Para averiguar si tus respuestas son correctas, **haz** tus repartos en el espacio de abajo.

5 **Trabaja** con un compañero. **Hagan** los repartos siguientes, luego **anoten** los resultados.

36 cartas entre 6 niños _____   54 cartas entre 6 niñas _____

36 cartas entre 3 niñas _____   54 cartas entre 9 niños _____

Comparen sus respuestas y sus procedimientos con los de otros compañeros.

54. Con el centímetro cuadrado / Para hacer la tarea,
Meche y Toño tuvieron que trazar unas figuras, ahora quieren saber cuál es la más grande.

1 ¿Cuál de las siguientes figuras crees que es más grande? _____

Comprueba si tu estimación es correcta. **Utiliza** el material recortable número 13 para medir las figuras.

¿Cuántas veces cabe el cuadrado en la figura rosada? _____

¿Cuántas veces cabe el cuadrado en la figura azul? _____

¿Cuál de las dos figuras es, entonces, más grande? _____

Mide con tu regla los lados del cuadrado. ¿Cuánto mide cada lado? _____

Cuando los lados de un cuadrado miden un centímetro, su superficie mide un centímetro cuadrado.

2 En esta página utilizaste el centímetro cuadrado para medir la superficie de cada figura.
Utilízalo también para medir la superficie de las figuras del material recortable número 14.

3 **Utiliza** el centímetro cuadrado para medir la superficie de las siguientes figuras:

Esta figura mide:

_____ centímetros cuadrados.

También podemos decir que el área de esta

figura es _____ centímetros cuadrados.

Esta figura mide:

_____ centímetros cuadrados.

También podemos decir que el área de esta

figura es _____ centímetros cuadrados.

4 Juega con un compañero igual que Meche y Toño. Tiren los dados y hagan figuras en su cuaderno de acuerdo con los números de cuadros que indiquen los dados.

Después de 6 tiradas, **comparen** sus figuras.

¿Cuántas tienen la misma forma? _____   ¿Cuántas tienen forma diferente? _____

Al terminar, **dibujen** en la cuadrícula de abajo la figura que más les haya gustado.

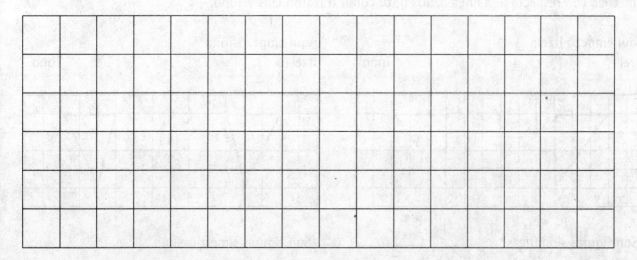

55. Figuras en espejo / Vamos a trazar figuras como lo hacen Itzel y Toño. ¡Verás que resulta divertido!

1 **Reúnete** con un compañero. En una hoja de papel cuadriculado **marquen** una línea azul como se ve en el dibujo.

La línea azul sirve como eje de simetría.

Tú trazas en un lado de la hoja; tu compañero traza en el otro lado.

El que empieza, hace una figura.

Después el otro hace, en su parte de la hoja, una figura que sea simétrica a la primera, con respecto a la línea azul.

Comprueben si los dos dibujos son de verdad simétricos; tú ya sabes cómo hacerlo.

Para continuar, el segundo hace una nueva figura y al otro le toca hacer la figura que resulte simétrica con respecto a la línea azul. **Fíjate** cómo trazaron Luis y Toño.

Aquí empezó Itzel:

Itzel   Toño

Aquí empezó Toño:

Itzel   Toño

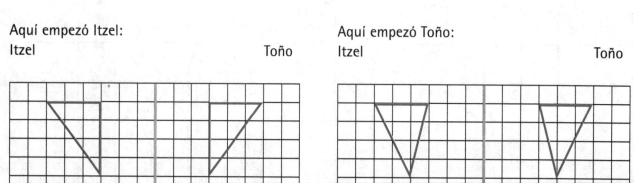

¿Son figuras simétricas? _____

¿Son figuras simétricas? _____

Dibuja figuras que sean simétricas a las que trazaron Itzel y Toño.

Itzel   Toño

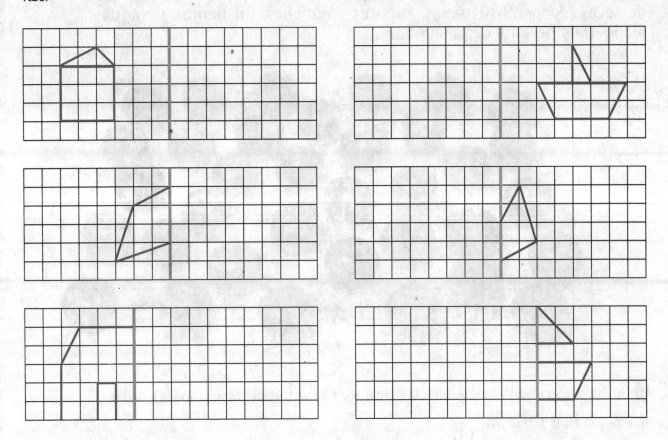

2 En las cuadrículas de abajo, **haz** figuras simétricas. Observa que el eje de simetría está en distintas posiciones.

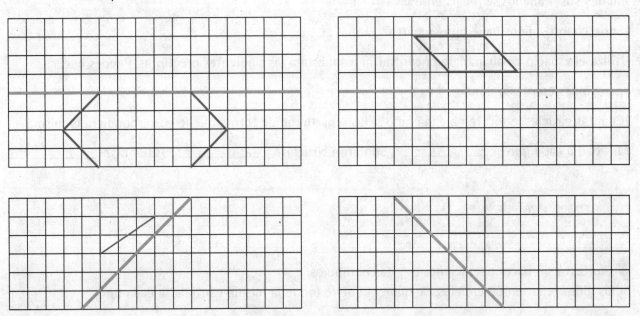

Compara tu juego con el de otros compañeros.

56. Traemos fruta del monte / Julián contó lo siguiente:

A veces vamos al monte, jugamos y recogemos frutas y verduras. En tiempo de secas recogemos ciruelas, zapotes y nanches. En tiempo de aguas recogemos hongos de la sierra.

126

1 Un día, Julián y sus 4 amigos fueron a jugar y a buscar frutas. Recogieron las ciruelas

que se ven en la fotografía.

¿Cuántas ciruelas recogieron? _____

Julián y sus 4 amigos se repartieron las ciruelas.

¿Entre cuántos niños hicieron el reparto? _____

Utiliza el espacio de abajo para encontrar la respuesta a las siguientes preguntas. Puedes hacer

operaciones escritas o dibujos.

¿Cuántas ciruelas le tocaron a cada niño si las repartieron de forma que le correspondiera la misma

cantidad a cada uno? _____ ¿Sobraron ciruelas? _____ ¿Cuántas? _____

2 **Contesta** sin hacer operaciones escritas ni dibujos.

Si los niños reparten 56 ciruelas, de manera que le toque la misma cantidad a cada uno,

¿como cuántas ciruelas crees que le tocan a cada uno, como 9, como 15 o como 11? _____

Comprueba si tu respuesta es correcta. **Haz** los repartos en tu cuaderno.

3 Otro día, Julián y sus 4 amigos recogieron hongos de la sierra.

En la fotografía de abajo se ven los hongos que recogieron. ¿Cuántos son? _____

Los niños van a repartir los hongos en partes iguales.

¿Entre cuántos niños van a repartir los hongos? _____

Sin hacer operaciones escritas, **contesta**:

¿Cuántos hongos crees que le tocarán a cada niño? _____

Utiliza este espacio para comprobar si tu respuesta es correcta.

¿Cuántos hongos le tocaron a cada niño? _____ ¿Sobraron hongos? _____ ¿Cuántos? _____

4 Si Julián y sus amigos quieren que le toquen 15 hongos a cada uno, ¿cuántos hongos tienen que recoger? _____

Utiliza el espacio de abajo para encontrar la respuesta.

5 Sin hacer operaciones escritas ni dibujos, **escoge** el número que creas correcto y **subráyalo**.
Si Julián y sus amigos recogen 47 zapotes y los reparten en partes iguales, ¿como cuántos crees que les tocarán a cada uno?

5   12   9

Comprueba si tu respuesta es correcta. **Haz** el reparto en tu cuaderno.

¿Cuántos zapotes le tocan a cada niño? _____ ¿Sobraron zapotes? _____

1. El artículo de periódico que está abajo habla de una exhibición de animales mecánicos, llamada *Dinosauria*, que se hizo en la Ciudad de México. En *Dinosauria* se mostraban animales prehistóricos ¡del mismo tamaño que tuvieron hace millones de años!
Lee el artículo con atención.

Dinosauria

Desde un costado del Auditorio Nacional se ven los domos como gusanos gigantes acostados en pleno bosque de Chapultepec.

¡Di-no-sau-ria!, gritó *La Negrita* Nora cuando pasamos los torniquetes de entrada.

Cuando entramos a la sala de exhibición el susto fue inmenso.

Enfrente de nosotros estaba un Tyrannosaurus abriendo su hocicote con sus dientes de hasta 15 centímetros de largo.

Este animalote mide ¡12 metros de largo! Y pesa 7 toneladas.

No acababa el susto cuando nos pasó por encima de la cabeza un Pteranodón, pájaro inmenso con alas de 8 metros.

La Negrita y yo les pusimos apodos para no olvidar sus figuras imponentes: "el de los terribles dientes", "el de cabeza de huevo estrellado",

"el de cresta con pico de pato" y otros más.

Así recorrimos esa selva donde a uno y otro lado los dinosaurios, carnívoros y herbívoros, jovencitos de 70 millones de años o viejitos de 150, viven otra vez resucitados por la ciencia y la tecnología.

Benjamín Santamaría

128

2 **Señala** con una cruz, en la tabla, lo que se puede saber y lo que no se puede saber, de acuerdo con lo que dice el artículo.

	Se puede saber	No se puede saber
Si Luis, Mónica, Toño e Itzel fueron a Dinosauria.		
Si había un Tyrannosaurus.		
Cuánto pesa el Pteranodón.		
Cuánto miden los dientes del Tyrannosaurus.		
Cuántos dientes tiene el Tyrannosaurus.		
Cuántos niños fueron a *Dinosauria*.		

En tu cuaderno, **escribe** una pregunta que se pueda contestar con lo que dice el artículo y **haz** un dibujo sobre *Dinosauria*.

130

Bloque 4

57. Pesos y cosas

/ La familia de Paco aprovechó unos días de fiesta para visitar a sus familiares. Durante el viaje, el autobús hizo algunas paradas, una de ellas frente a un puesto de dulces y cajetas.

1 Observa la ilustración y **contesta**:

¿Qué hay en el puesto? _____

¿Cuál es la abreviatura que se repite en todos los letreros?_____ ¿Qué significa?_____

Las básculas y balanzas nos ayudan a saber el peso de las cosas. Hay básculas y balanzas de diferentes tipos.

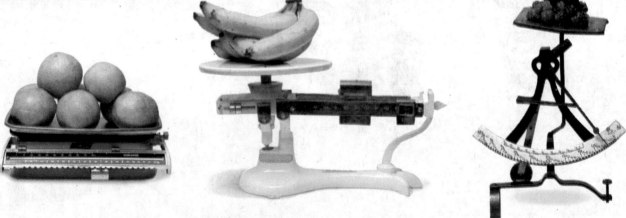

¿Has visto cómo pesan las cosas en la tienda o en el mercado? **Coméntalo** con tus compañeros. **Anota** el nombre de tres cosas que hayas comprado y que se pesen en kilos.

_____

2 ¿Has pensado cuánto pesa tu mochila o tu morral con los útiles adentro? **Organízate** con tu equipo y **piensen** cómo averiguarlo. **Pongan** en práctica lo que se les haya ocurrido. En el grupo de Paco consiguieron una balanza. En ella pesaron diferentes objetos. **Fíjate** cómo.

Contesta las siguientes preguntas: ¿Cuánto pesa cada caja de gises? _____

Si ponen las cuatro cajas de gises en un platillo, ¿cuántos paquetes de frijoles tendrían que poner

en el otro platillo para que se equilibre la balanza? _____

3 Leti y Pepe utilizaron una balanza y pesas de 1 kilogramo para pesar diferentes objetos. **Anota**, en kilos, el peso de cada objeto.

El libro pesa

_____

Cada caja pesa

_____

El frasco pesa

_____

4 **Dibuja** las pesas de 1 kilogramo que hagan falta para que las balanzas mantengan el equilibrio.

5 **Organízate** con tu equipo, **consigan** una balanza y **pesen** distintos objetos.

133

58. Miel y fruta seca / En otro sitio de la carretera había un puesto en el que vendían miel de abeja, nueces, pistaches y piñones.

1 ¿Cuántos kilos marca la manecilla de la báscula? _____

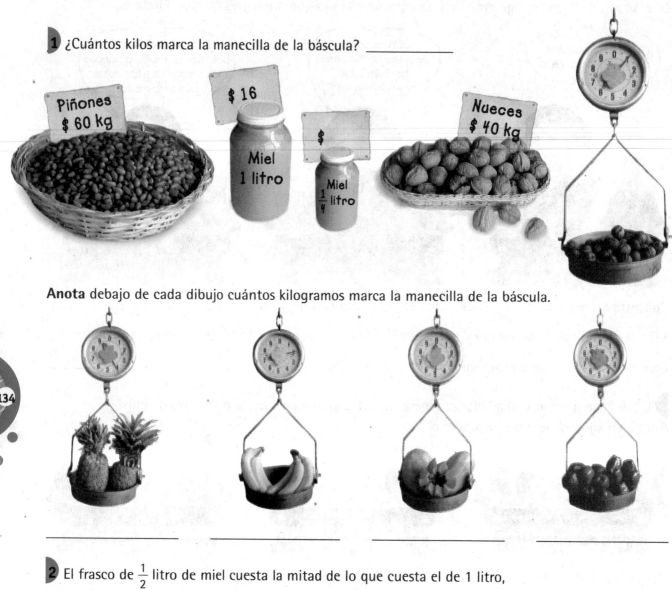

Anota debajo de cada dibujo cuántos kilogramos marca la manecilla de la báscula.

_____   _____   _____   _____

2 El frasco de $\frac{1}{2}$ litro de miel cuesta la mitad de lo que cuesta el de 1 litro,

¿cuánto hay que pagar por $\frac{1}{2}$ litro de miel? _____

EL frasco de $\frac{1}{4}$ de litro de miel cuesta la mitad de lo que cuesta el de $\frac{1}{2}$ litro,

¿cuánto hay que pagar por $\frac{1}{4}$ de litro de miel? _____

3 Paco compró una docena de nueces y le dieron esta cantidad:

¿Cuántas nueces hay en media docena? _____ ¿Cuántas nueces hay en un cuarto de docena? _____

¿Dónde hay más, en media docena o en un cuarto de docena? _____

¿En media docena o en dos cuartos de docena? _____

Para comprobar tus respuestas, **usa** el procedimiento que quieras.

134

4 **Lee** lo que dicen las personas y **contesta**.

¿Quién compró más miel, el señor o la señora? _____

¿Quién tiene razón, Paco o Ana? _____ ¿Por qué? _____

5 **Contesta** las siguientes preguntas:

¿Es lo mismo $\frac{1}{2}$ docena de nueces que docena y $\frac{1}{2}$ de nueces? _____

¿Por qué? _____

¿Qué crees que pesa más, $\frac{1}{2}$ kilo de nueces o $\frac{1}{2}$ kilo de piñones? _____

¿Qué crees que pesa más, $\frac{1}{2}$ kilo de pistaches o $\frac{2}{4}$ de kilo de pistaches? _____

$\frac{1}{2}$ litro es la misma cantidad que $\frac{2}{4}$ de litro; $\frac{1}{2}$ kilo es la misma cantidad que $\frac{2}{4}$ de kilo.

59. Cambiamos billetes / Cuando hacen alguna parada

durante el viaje, a Ana y Paco les gusta entretenerse jugando con sus billetes y monedas de papel. ¡Diviértete con ellos!

1 **Lee** lo que dicen para que puedas contestar las preguntas.

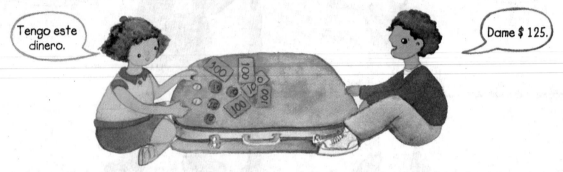

¿Tiene Ana suficientes billetes de $ 100 para darle a Paco la cantidad que pidió? _____

¿Tiene suficientes monedas de $ 10? _____ ¿Tiene suficientes monedas de $ 1? _____

¿Qué cambios tiene que hacer Ana para darle a Paco exactamente $ 125? **Coméntalo** con tus compañeros.

2 Ahora **lee** lo que dice Ana:

No tengo suficientes monedas para darle a Paco. Voy a sacar mis monedas de la maleta para cambiar una de $ 10 por monedas de $ 1.

Después de que Ana le cambió una moneda de $ 10, tiene este dinero:

Billetes $	Monedas $	Monedas $
100 100	10 10	1 1 1
100 100	10 10	1 1 1
100		1 1 1
		1 1 1

¿Ya le puede dar Ana a Paco exactamente los $ 125? _____

Tacha en el dibujo los billetes y las monedas que debe darle Ana a Paco:

100 100
100 100
100

10 10
10 10

1 1 1
1 1 1
1 1 1
1 1 1

¿Cuánto dinero tenía Ana? _____

¿Cuánto le dio a Paco? _____

¿Cuánto le quedó? _____

3 **Trabaja** con tus billetes y monedas del material recortable. **Pon** $ 616 sobre la mesa,

luego dale a un compañero $ 450, ¿cuánto te queda? _____

¿Tuviste que cambiar billetes para darle los $ 450 a tu compañero? _____

4 Haz las siguientes cuentas. Si es necesario, cambia primero los billetes, como hizo Ana.

¿Qué debe cambiar Ana para darle su dinero a Paco?_____

Haz los cambios. Luego **tacha** los $ 419 que quiere Paco.

[100] [100]   ⑩ ⑩   ① ① ①   ¿Cuánto dinero tenía Ana? _____
[100] [100]   ⑩   ① ① ①   ¿Cuánto le dio a Paco? _____

¿Cuánto le quedó? _____

5 Ana tiene este dinero.

Dame $ 145.

¿Tiene Ana suficientes monedas y billetes para darle a Paco esa cantidad? _____

¿Qué debe cambiar Ana? _____

Haz los cambios necesarios y **tacha** los $ 145 que quiere Paco.

[100] [100]   ① ① ①   ¿Cuánto dinero tenía Ana? _____
    [100]   ⑩   ① ①   ¿Cuánto le dio a Paco? _____

¿Cuánto le quedó? _____

6 Trabaja con tus billetes y monedas del material recortable. **Pon** $ 740 sobre tu mesa,

luego **dale** a tu compañero $ 235.

¿Tuviste que cambiar para darle el dinero? _____

Inventa otros ejercicios en los que tengas que cambiar billetes o monedas.

60. Juguetes de madera / El autobús se detuvo esta vez

cerca de un puesto de juguetes de madera. Ahí, nuestros amigos conocieron a Martín, el niño que atendía el puesto. Martín les contó que todos los días ayudaba a su tío a hacer juguetes de madera.

A veces, cuando hacen pirámides de madera, Martín recorta las piezas que hacen falta. Para que Martín no se equivoque en las medidas, su tío se las da marcadas en cartoncillo.

1 **Ayuda** a Martín a saber de qué medida tiene que cortar las maderitas. Para eso, **usa** tu regla; **mide** las seis tiras y **anota** en cada una cuántos centímetros mide.

¿Cuál de las tiras es más larga? _____

¿De qué color es la tira más corta? _____

Hay dos tiras que son más largas que la tira roja, ¿cuáles son? _____

¿Cuáles tiras son más cortas que la tira roja? _____

¿Cuántas veces cabe la tira verde en la tira roja? _____

¿Es cierto que la tira roja mide lo mismo que dos tiras verdes? _____

2 **Usa** el material recortable número 15. Con la tira roja **mide** las otras tiras y **completa** lo que dicen los niños.

Yo tengo la tira roja.

La tira verde mide ____ de la tira roja.

Yo tengo la tira café. Mide ____ tiras rojas.

La mía es la tira morada. Mide ____ tiras rojas.

Yo tengo la tira amarilla, mide un cuarto de la tira roja.

Yo tengo la tira azul y cabe 3 veces en la tira roja. Mide ____ de la tira roja.

3 **Lee** lo que hicieron Ricardo y Mario para medir la tira verde con la tira roja.

Yo doblé a la mitad la tira roja y vi que la verde mide la mitad de la roja.

Yo vi que la tira verde cabe 2 veces en la tira roja. Por eso la verde mide la mitad de la roja.

¿Es cierto o no es cierto que la tira verde mide la mitad de la tira roja? _____

¿Cuántas veces cabe la tira amarilla en la tira verde? _____

¿Por qué la tira amarilla mide un cuarto de la tira roja? _____

¿Es cierto que la tira amarilla mide la mitad de la tira verde? _____

61. Cambios y préstamos / Ana, Paco y Miguel invitan a Martín a jugar con ellos. Para poder acompañarlos, Martín necesita que le hagan un préstamo de billetes de papel.

1 ¿Tiene Paco suficientes billetes y monedas para prestarle a Martín la cantidad exacta,

o debe cambiar? _____ ¿Qué tiene que cambiar? _____

Representa con tus billetes del material, recortable los $ 523 que tiene Paco, luego **haz** los cambios que necesita hacer para prestarle a Martín el dinero. **Recuerda** que Martín quiere $ 250.
Ahora **contesta** lo siguiente:

¿Cuánto dinero tenía Paco? _____ ¿Cuánto dinero le quedó? _____

2 Paco tiene $ 671 y le va a prestar a Martín $ 432, ¿cuánto le quedará? _____

Para saber cuánto le quedará, **haz** aquí la cuenta.
Primero **haz** los cambios, luego **tacha** lo necesario.

Otra forma de hacer la cuenta es la que utilizó Mónica.

Billetes $	Monedas $	Monedas $
100 100 100 100 100 100	10 10 10 10 10 10 10	1

Centenas	Decenas	Unidades
6̶ 4	6 ̶ 3	1̶1 1 2
		9

¿Obtuviste el mismo resultado con los billetitos

que con los números? _____

¿Cuánto dinero le quedó a Paco? _____

Compara tus respuestas con las de tus compañeros.

Como a una unidad no le podía quitar 2, tomé una decena y la cambié por unidades, ahora tengo 11 unidades y 6 decenas.

140

3 **Resuelve** las siguientes restas. Si lo necesitas, usa el material recortable.

Ana tiene $ 245, le da a Paco $ 136, ¿cuánto le queda? _____

Billetes $	Monedas $	Monedas $
100 100	10 10 10 10	1 1 1 1 1

Centenas	Decenas	Unidades
− 2	4	5
1	3	6

Hay $ 391, se gastan $ 175, ¿cuánto queda? _____

Billetes $	Monedas $	Monedas $
100 100 100	10 10 10 10 10 10 10 10 10	1

Centenas	Decenas	Unidades
− 3	9	1
1	7	5

Había $ 528, se gastaron $ 433, ¿cuánto le quedó? _____

Billetes $	Monedas $	Monedas $
100 100 100 100 100	10 10	1 1 1 1 1 1 1 1

Centenas	Decenas	Unidades
5	2	8
− 4	3	3

4 En tu cuaderno **resuelve** los siguientes problemas. Trata de utilizar las operaciones que ya conoces.
En el salón de Paco se organizó un convivio. Cada alumno puso $ 15 y se reunieron $ 270.

¿Cuántos niños cooperaron? _____

Para el convivio compraron 18 gorritos y 18 antifaces. Cada gorro costó $ 3 y cada antifaz $ 2.

¿Cuánto gastaron en los gorros y en los antifaces? _____

Luis está juntando una colección de 35 estampas. Ya tiene 19. ¿Cuántas estampas le faltan? _____

Inventa un problema que pueda resolverse con la resta 617 − 475.

62. Compartir con los amigos / Otros niños

también salieron de viaje. Al regresar, varios de ellos llevaron a la escuela algunas cosas para compartir con los amigos.

Yo, 3 dulces de coco.

Y yo, 15 jarritos de barro.

Yo traje 20 nueces y un puño de piñones.

Yo traje 5 pepitorias.

1 Los 4 niños de este equipo acordaron repartirse en partes iguales las cosas que trajeron.

¿Cuáles se pueden repartir sin que sobre nada? _____

¿En cuáles va a sobrar algo? _____

¿Crees que le toquen más de 10 nueces o menos de 10 nueces a cada niño? _____

¿Le tocará más de medio dulce de coco a cada niño o menos de medio dulce? _____

¿Crees que le toque más de una pepitoria o menos de una a cada niño? _____

¿Alcanzan los jarritos para que a cada niño le toquen 3? _____

2 **Realiza** los repartos para que sepas lo que le tocó a cada niño.

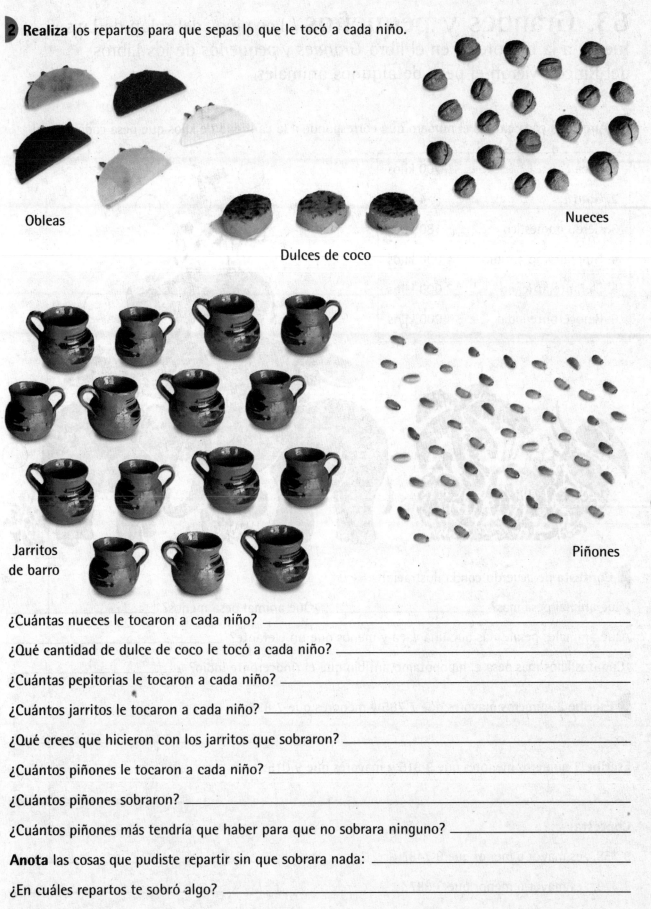

Obleas

Nueces

Dulces de coco

Jarritos
de barro

Piñones

¿Cuántas nueces le tocaron a cada niño? _____

¿Qué cantidad de dulce de coco le tocó a cada niño? _____

¿Cuántas pepitorias le tocaron a cada niño? _____

¿Cuántos jarritos le tocaron a cada niño? _____

¿Qué crees que hicieron con los jarritos que sobraron? _____

¿Cuántos piñones le tocaron a cada niño? _____

¿Cuántos piñones sobraron? _____

¿Cuántos piñones más tendría que haber para que no sobrara ninguno? _____

Anota las cosas que pudiste repartir sin que sobrara nada: _____

¿En cuáles repartos te sobró algo? _____

63. Grandes y pequeños / Los niños del salón de Luis
fueron a la biblioteca; en el libro *Grandes y pequeños* de los Libros
del Rincón vieron el peso de algunos animales.

1 **Anota** en cada círculo el número que corresponde a la cantidad de kilos que pesa cada animal.

1. Vaca	700 kilos
2. Gato	4 kilos
3. Cerdo doméstico	180 kilos
4. Hipopótamo anfibio	4 000 kilos
5. Elefante africano	7 000 kilos
6. Rinoceronte indio	3 000 kilos

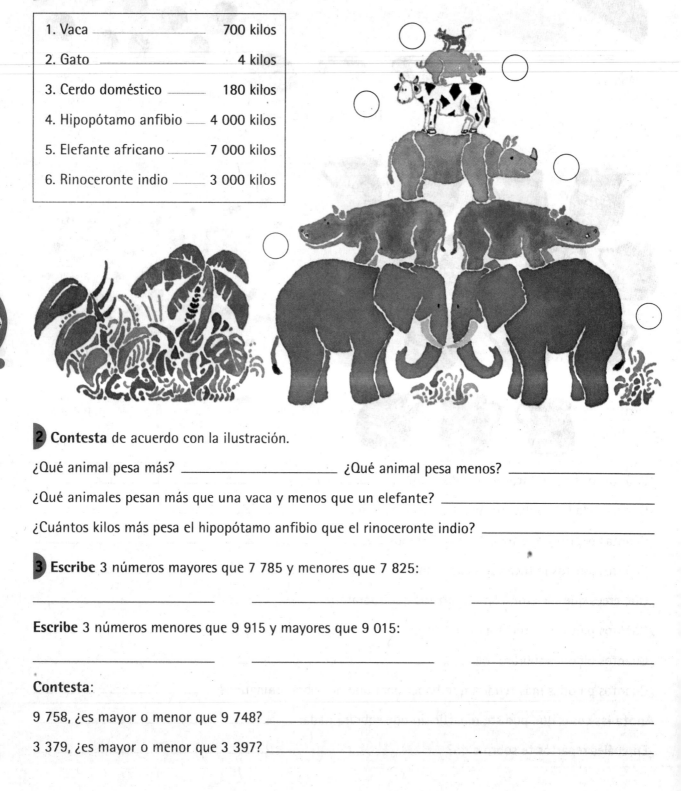

2 **Contesta** de acuerdo con la ilustración.

¿Qué animal pesa más? _____ ¿Qué animal pesa menos? _____

¿Qué animales pesan más que una vaca y menos que un elefante? _____

¿Cuántos kilos más pesa el hipopótamo anfibio que el rinoceronte indio? _____

3 **Escribe** 3 números mayores que 7 785 y menores que 7 825:

_____   _____   _____

Escribe 3 números menores que 9 915 y mayores que 9 015:

_____   _____   _____

Contesta:

9 758, ¿es mayor o menor que 9 748? _____

3 379, ¿es mayor o menor que 3 397? _____

144

4 Para indicar que un número es mayor que otro, menor que otro o igual que otro, se pueden utilizar signos.

> 8 424 es mayor que 8 000, también se escribe así: 8 424 **>** 8 000.

> 6 500 es menor que 7 000. También se escribe así: 6 500 **<** 7 000.

El número más grande siempre se escribe del lado abierto del signo: 9 **>** 7 ; 9 es mayor que 7.

El número más chico siempre se escribe del lado de la puntita del signo: 7 **<** 9; 7 es menor que 9.

5 En los números de abajo **anota** **>**, **<** o **=** según corresponda.

920 _____ 450   1 495 _____ 1 925   1 759 _____ 1 759

6 **Escribe** los números que tú quieras para que las expresiones de abajo sean correctas.

9 900 **<** _____   _____ **<** _____   _____ **=** _____

7 **Comenta** con tus compañeros y con tu maestro los siguientes ejemplos:

450 **<** 840 **<** 920   1 803 **>** 1 308 **>** 1 038

Completa las expresiones de abajo con el signo **>** o **<**, según corresponda.

1 438 _____ 1 750 _____ 2 384   6 900 _____ 6 609 _____ 6 600 _____ 8 000 _____ 8 500 _____ 9 000

8 **Representa** en tu contador 5 números mayores que 8 889 y menores que 9 000 y **anótalos** en tu cuaderno.

64. El sueño de los animales / El artículo que está abajo apareció en la sección para niños de un periódico. Itzel lo encontró en la biblioteca y se puso a leerlo. Acompáñala en la lectura y luego contesta las preguntas.

El sueño de los animales

Sonia Buchahin

¿A quién no le gusta dormir?

Además de servir para reponer la energía que se usó durante el día, dormir resulta muy placentero, aunque hay de dormilones a dormilones. En el caso de los animales, el murciélago tiene 20 horas de sueño ¡diarias! El león dormita durante las tres cuartas partes del total de su vida, la ardilla lo hace 14 ho-

ras por día, mientras que la jirafa se conforma con dormir sólo cuatro horas y el búho casi no duerme porque siempre está alerta.

1 De acuerdo con el artículo,

¿cuál es el animal que más duerme? _____

¿Cuál es el animal que casi no duerme? _____

Completa la siguiente tabla:

Animal	Horas que duerme			
	En 1 día	En 1 semana	En 2 semanas	En 3 semanas
Murciélago				
Ardilla				
Jirafa				

La tortuga gigante duerme más o menos 16 horas por día.

¿Cuántas horas dormirá aproximadamente en 2 semanas? _____

Escribe el nombre de 2 animales que duerman menos que la tortuga gigante:

_____   _____

2 ¿Sabes cuánto come un animal? La tabla siguiente indica cuántos kilos de hierbas y hojas de árboles comen por día algunos animales. **Complétala**.

Animal	En 1 día	En 1 semana	En 2 semanas	En 4 semanas
Jirafa	50 kilos			
Koala	1 kilo			
Elefante	200 kilos			
Vaca	20 kilos			
Hipopótamo	150 kilos			

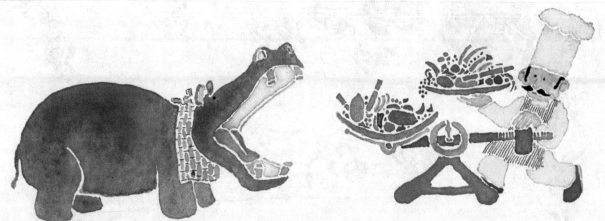

¿Sabes cuánto comen otros animales? **Anota** sobre las líneas el nombre de dos animales que conozcas y la cantidad de alimento que comen aproximadamente en un día.

_____   _____

_____   _____

3 ¿Sabes cuánto miden de largo los saltos que dan algunos animales?
Lee con atención y luego **completa** la siguiente tabla:

Animal	Un salto	2 saltos	3 saltos	4 saltos	5 saltos	8 saltos
Ardilla voladora	6 metros					
León	3 metros					
Canguro	9 metros					

¿Qué procedimiento utilizaste para obtener las respuestas de esta lección? **Compara** tu procedimiento y tus resultados con los de tus compañeros.

4 Con la información de esta página, **inventa** dos problemas que se resuelvan con una multiplicación, luego **pídele** a un compañero que los resuelva.

65. La ardilla, el chapulín y el sapo / En un libro de fábulas, Luis y Mónica encontraron información acerca de los animales que saltan.

Una ardilla, un chapulín y un sapo tienen que recorrer un camino que mide 18 metros de largo. Éste es un dibujo del camino. Cada metro está representado con una marca.

1 **Resuelve** los ejercicios utilizando el caminito de la página anterior.

La ardilla da saltos de 1 metro.

El chapulín da saltos de $\frac{1}{2}$ metro.

El sapo da saltos de $\frac{1}{4}$ de metro.

¿Cuántos saltos tiene que dar la ardilla para llegar a la meta? _____

¿Cuántos saltos tiene que dar el chapulín para llegar al número 2? _____

¿Cuántos saltos tiene que dar el sapo para llegar al número 1? _____

2 **Marca** con rayitas verdes las 4 primeras huellas que deja el chapulín saliendo del 0.
Marca con rayitas azules las 8 primeras huellas que deja el sapo.
Marca con rayitas rojas las 2 primeras huellas que deja la ardilla.

¿A qué número llegaron los 3 animales? _____

3 **Completa** los espacios en blanco que hay en los globos.

Mis saltos son de 1 metro. Para completar 18 metros tengo que dar 18 saltos.

Mis saltos son de $\frac{1}{2}$ metro, para completar 18 metros tengo que dar ____ saltos.

Mis saltos son de $\frac{1}{4}$ metro, para completar los 18 metros tengo que dar ____ saltos.

149

La ardilla les dijo al chapulín y al sapo: "Los espero a la mitad del camino".

¿Cuántos saltos dio la ardilla para llegar a la mitad del camino? _____

¿Cuántos dio el chapulín? _____   ¿Cuántos el sapo? _____

El chapulín se quedó a descansar en el número 15 y fue alcanzado por el sapo.

¿Cuántos saltos le faltan a cada uno para llegar a la meta? _____

Al chapulín le faltan _____ saltos.   Al sapo le faltan _____ saltos.

Marca en el camino de la página anterior los saltos que le faltan al sapo después del 15.

El chapulín se detuvo cuando le faltaba un salto para llegar a la meta.

¿Cuántos metros había recorrido? _____

66. Los envases / Luis buscó en un diccionario el significado de la palabra envase. ¿Qué crees que encontró? Averígualo en tu diccionario.

▶ **Anota** con palabras cuánto le cabe a cada uno de los envases de la ilustración.

_____   _____   _____

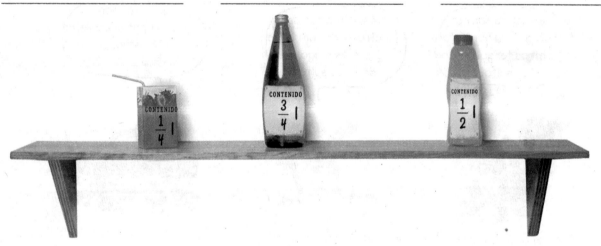

_____   _____   _____

¿A cuáles envases de la fotografía les cabe más de 1 litro? _____

¿A cuáles les cabe menos de 1 litro? _____

¿Cuáles otros productos conoces que se vendan en recipientes de 1 litro, de $\frac{1}{2}$ litro o de $\frac{1}{4}$ de litro?

_____

¿Cuántos recipientes de $\frac{1}{2}$ litro pueden llenarse con el contenido del envase más grande

de la fotografía? _____

¿Cuántas veces necesitas vaciar el envase de jugo de fresa para llenar un recipiente de $3\frac{1}{4}$ de litro?_____

Para la hora del recreo, los amigos de Luis compraron naranjadas de distintos tamaños.

¿Cuántos litros de naranjada compraron en total los amigos de Luis? _____

¿Cuántos vasos de $\frac{1}{4}$ de litro pudieron llenar con toda la naranjada? _____

Los amigos de Ana compraron una botella de $1\frac{1}{2}$ litros de agua natural.

¿Cuántos vasos de $\frac{1}{4}$ de litro pudieron llenar? _____

Itzel compró una botella de agua natural de $1\frac{1}{2}$ litro y le dio la mitad a su amiga Nora.

¿Qué cantidad de agua le tocó a cada una? _____

Discute tus respuestas y tus procedimientos con tus compañeros.

67. Adivina quién soy / Luis e Itzel tuvieron suerte.

Encontraron un libro de adivinanzas que les ayudó a recordar las características de las figuras.

1 **Lee** lo que dicen Luis e Itzel. ¿Cuáles figuras de la ilustración conoces? **Coméntalo** con tus compañeros.

2 Éstos son los mensajes que Luis e Itzel mandaron a Toño. **Léelos** y **colorea** las figuras de la ilustración del color que indican los mensajes.

1. Es una figura que tiene 3 lados y tiene un eje de simetría. Coloréala de azul.
2. Es una figura que tiene 3 lados, pero no tiene eje de simetría. Coloréala de rojo.

3. Es una figura que tiene 4 lados iguales, pero no tiene lados perpendiculares. ¡coloréala de amarillo!
4. Es una figura que tiene lados perpendiculares e iguales 2 a 2. Coloréala de verde.

3 En la cuadrícula de abajo **traza** las figuras que están en la página del libro que encontraron Luis e Itzel. **Utiliza** tu regla o tu escuadra de papel y una moneda.

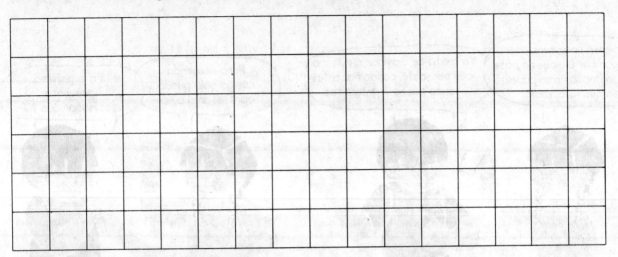

4 En el espacio vacío, **reproduce** el dibujo. **Utiliza** tu regla y tu escuadra.

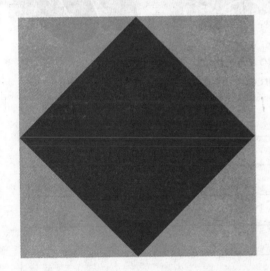

5 **Escribe** un mensaje como los que escribieron Luis e Itzel, para pedirle a tu compañero que dibuje alguna de las figuras que aparecen en esta lección. No debes decir el nombre de la figura.

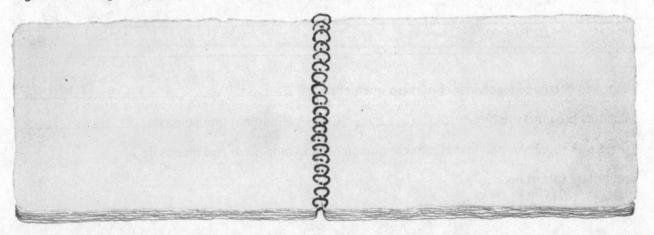

68. Juegos y números / En la biblioteca también hay juegos.

Toño y Mónica se divierten jugando con los números del 0 al 100.

Yo pienso un número que sea mayor que 0 y que no pase de 100, lo anoto en un papelito sin que tú lo veas.

Yo trato de adivinar el número que pensaste, puedo hacerte cuando mucho 7 preguntas.

Pero recuerda que yo sólo puedo contestar sí o no.

Va la primera pregunta: ¿es mayor que 90?

1 **Juega** con un compañero o compañera como lo hacen Toño y Mónica.

Tienes que pensar un número y tu compañero debe hacerte preguntas para tratar de adivinarlo.

Anoten aquí las preguntas y respuestas.

Preguntas	Respuestas

¿Logró tu compañero adivinar el número que pensaste? _____

¿Cuántas preguntas te hizo? _____ ¿Cuál es el número que pensaste? _____

¿Crees que tú puedas adivinar el número que piense tu compañero con menos de 7

preguntas? **Inténtalo.**

Jueguen muchas veces hasta que encuentren una manera segura de adivinar el número.

2 Ahora **reúnete** con dos o tres compañeros y **jueguen** a la suerte. Necesitan dos dados. Todos salen del 0 y avanzan lo que sumen los dados. Hay unas flechas que te hacen avanzar y otras que te obligan a retroceder. Gana el primero que logra llegar a 100. ¡Suerte!

91	92	93	94	95	96	97	98	99	100
81	82	83	84	85	86	87	88	89	90
71	72	73	74	75	76	77	78	79	80
61	62	63	64	65	66	67	68	69	70
51	52	53	54	55	56	57	58	59	60
41	42	43	44	45	46	47	48	49	50
31	32	33	34	35	36	37	38	39	40
21	22	23	24	25	26	27	28	29	30
11	12	13	14	15	16	17	18	19	20
0	1	2	3	4	5	6	7	8	9	10

¿Cuántas partidas ganaste en este juego? _____

¿Tuviste mucha suerte, regular o muy poca? _____

Escribe los 3 primeros números de los que salen flechas que hacen avanzar: _____

¿Cómo van aumentando los números que escribiste? _____

Escribe los 3 primeros números de los que salen flechas que hacen retroceder: _____

¿Cómo van avanzando estos números? _____

Hay 2 números que hacen avanzar y luego retroceder, ¿cuáles son? _____

Si continuara la serie, ¿cuál sería el siguiente número que te haría avanzar y luego retroceder? _____

En el juego de la página anterior, después de jugar muchas veces puedes encontrar una manera de ganar siempre. En cambio, en el juego de esta página, sólo ganas si tienes suerte.

3 Paco conoce otro juego. **Lee** lo que dice Paco y luego **juégalo** varias veces con tus compañeros.

> Piensa un número.
> Multiplícalo por 2.
> Auméntale 6. Divide el resultado entre 2. Resta el número que pensaste.
> ¿Te digo cuánto te quedó?: 3

Todas las veces que jugaste, ¿el resultado era 3? _____

¿Por qué? _____

Comenta con tus compañeros y con tu maestro por qué crees que siempre sale ese resultado.

69. La biblioteca / A los niños les gustó mucho ir a la biblioteca. Ahora quieren tener una en su salón. Y van a comprar libros.

¿Hacemos fotos? $ 64

Las primeras civilizaciones $ 55

Mi colección de insectos $ 30

LA LUCIÉRNAGA ANTOLOGÍA PARA NIÑOS DE LA POESÍA MEXICANA CONTEMPORÁNEA $ 90

QUE SÍ, QUE NO, QUE TODO SE ACABÓ $ 18

barcos $ 65

Fábulas $ 72

1 **Utiliza** el procedimiento que quieras para resolver el siguiente problema:
En el equipo de Itzel hay 6 niños y quieren comprar un libro que cuesta $ 18.
Si todos dan la misma cantidad, ¿con cuánto dinero tiene que cooperar cada niño? _____
Lee cómo resolvieron el problema los niños.

Para no equivocarme usé mis monedas, las repartí entre 6 y nos tocaron 3.

Yo busqué el número perdido en la tabla de multiplicar del 6, así:
6 x 1 = 6
6 x 2 = 12
6 x 3 = 18

¿Obtuvieron Itzel y Toño el mismo resultado? _____

¿Con cuánto dinero va a cooperar cada niño del equipo? _____

¿Tu procedimiento fue igual al de Toño, al de Itzel o fue diferente? _____

2 En el equipo de Rosa hay 7 niños y quieren comprar un libro que cuesta $ 35.
¿Con cuánto va a cooperar cada niño? **Haz** la cuenta.

Rosa encontró la respuesta haciendo el reparto.

Toño, buscó el número perdido.

7 x 1 = 7
7 x 2 = 14
7 x 3 = 21
7 x 4 = 28
7 x 5 = 35

7
x ☐
35

Cada niño va a cooperar con $ _____

¿Cuál procedimiento te parece mejor? ¿Por qué? _____

3 **Busca** el número perdido para resolver los siguientes problemas. **Haz** repartos para comprobar tus resultados. **Busca** los precios en la ilustración de la página anterior.

Entre 5 niños van a comprar un libro de barcos. ¿Cuánto cuesta el libro? _____

¿Cuánto dinero va a poner cada niño? _____

Entre 8 niños van a comprar un libro de fotos. ¿Cuánto cuesta el libro? _____

¿Cuánto dinero va a poner cada niño? _____

Entre 9 niños van a comprar un libro de fábulas. ¿Cuánto cuesta el libro? _____

¿Cuánto dinero va a poner cada niño? _____

4 En la biblioteca de la escuela, les prestaron los siguientes libros a los equipos.

¿Cuántos libros se repartieron? _____ ¿Entre cuántos equipos? _____

¿Cuántos libros le tocaron a cada equipo? _____

Subraya la multiplicación que corresponde al reparto de los libros y **complétala**:

$$4 \times \rule{2cm}{0.4pt} = 56 \qquad\qquad 4 \times 56 = \rule{2cm}{0.4pt}$$

Sin hacer operaciones escritas ni dibujos, **contesta** lo siguiente:

¿Cuánto le toca a cada uno si se reparten 52 entre 4? _____

¿Cuánto le toca a cada uno si se reparten 55 entre 5? _____

¿Cuántos libros repartieron si eran 13 niños y a cada uno le tocaron 7? _____

70. Juguetes de papel / Para la biblioteca, Toño y Paco compraron un libro en el que se muestra cómo hacer figuras de papel. Diviértete tú también haciendo algunas de esas figuras.

1 **Sigue** las instrucciones para armar una casa:

1. **Recorta** un cuadrado de 12 cm de lado y **márcale** los ejes de simetría que se ven en el dibujo.

2. **Dobla** el cuadrado a la mitad, de manera que formes un rectángulo.

3. **Dobla** los extremos del rectángulo de tal manera que los bordes coincidan con el eje de simetría.

4. **Dobla** las esquinas hacia delante como se indica en el dibujo.

5. **Desdobla** para obtener el rectángulo del paso 2 pero con los dobleces marcados

6. Vuelve a doblar como se muestra en el didujo

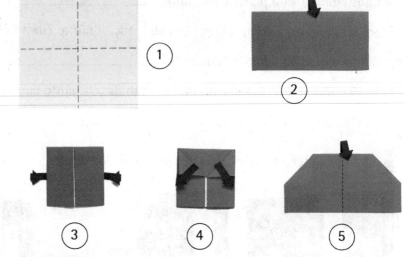

2 Ahora **sigue** las instrucciones para hacer un pino:

1. **Recorta** un cuadrado de 12 cm de lado, y **marca** el eje de simetría que se ve en el dibujo.

2. **Dóblalo**, como se ve en el dibujo, de manera que los extremos coincidan con el eje de simetría.

3. **Dobla** hacia adentro el extremo que quedaba sin doblar.

4. **En ese extremo marca** una línea punteada como se ve en el dibujo.

5. Para terminar, **dóblalo** hacia afuera sobre esa línea punteada.

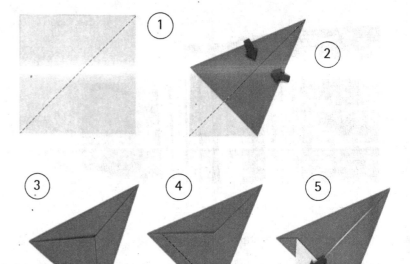

Marca con rojo el eje de simetría del pino.

¿Hay líneas paralelas en el pino? _____ ¿Y en la casa? _____

Pega la casa y el pino en tu cuaderno.

3 **Reúnete** con otros compañeros y **traten** de hacer un barquito. Si ninguno sabe hacerlo, **pidan** a su maestro que les ayude.

4 **Dibuja** lo que falta a la figura de la izquierda para que la línea azul sea eje de simetría.

Completa el dibujo de la derecha de manera que las dos líneas azules sean ejes de simetría.

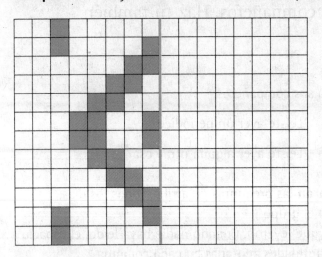 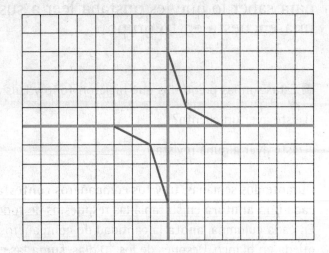

5 En el siguiente dibujo **haz** lo que se te indica.

Colorea de amarillo todos los triángulos.

Colorea de verde todos los rombos.

Colorea de rojo dos figuras que no estén colocadas simétricamente con respecto a la línea azul.

Colorea de morado dos líneas que sean paralelas.

6 En los dos dibujos de abajo, **completa** lo que falta a la derecha del eje de simetría.

¿Qué formas crees que van a resultar? _____

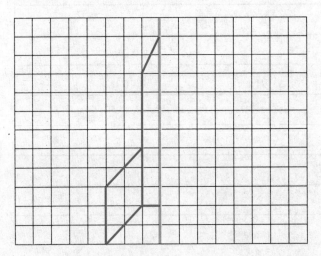 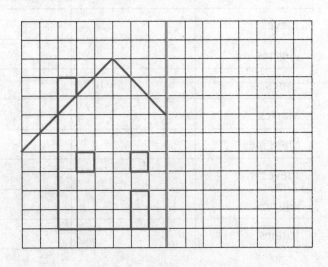

71. El gusto de leer / Después de haber disfrutado

con los libros de la biblioteca, Luis y Toño decidieron hacer una encuesta para saber lo que les gustaba leer a sus compañeros. Haz tú también una encuesta en tu grupo.

1 Éstas son las preguntas que hicieron Toño y Luis a sus compañeros:

¿Leíste ayer un cuento? _____

¿Leíste ayer un periódico? _____

¿Leíste ayer alguna revista? _____

¿Leíste ayer alguna otra cosa? _____

Durante dos semanas, tú y tus compañeros **contestarán** las preguntas de arriba. Todos los días, cada uno **anotará** en su tabla las respuestas de todo el grupo.

En cada columna, **anota** la cantidad de compañeros que leyeron. Cuando nadie haya leído, el espacio queda en blanco. Después de los 10 días, **suma** las cantidades anotadas en cada columna.

160

Día	Cuentos	Revistas	Periódicos	Otros libros
Lunes				
Martes				
Miércoles				
Jueves				
Viernes				
Lunes				
Martes				
Miércoles				
Jueves				
Viernes				
Totales				

2 **Contesta** las siguientes preguntas cuando hayan pasado los 10 días y la tabla esté llena:

¿Qué es lo que más leen tus compañeros? _____

¿Qué es lo que menos leen? _____

¿Cuántos días hay en los que nadie leyó nada? _____

¿Hay alguna columna que no tenga renglones en blanco? _____

¿Cuál es? _____

¿Hay alguna columna en la que todos los renglones estén en blanco? _____

¿Cuál es? _____

3 **Marca** en la fotografía de abajo lo que te gustaría leer. Después, **fíjate** cuántos de tus compañeros marcaron lo mismo que tú.

4 **Anota** sobre las líneas algo que recuerdes haber leído.

_____

_____

_____

¿Qué es lo que más leen tus compañeros de grupo? **Coméntalo** con ellos.

72. Hilos de colores / Julián contó que "entre los huicholes, lo más importante que aprenden las niñas es a bordar: deben saber unir el hilo y combinar bien los colores".

1 La mamá de Julián enseña a bordar a 6 niñas y, para ello, reparte los hilos que necesitan. Éstas son las madejas de hilo que les va a dar para hacer bordados como los de las fotografías.

Si la mamá de Julián le da a cada niña el mismo número de madejas de hilo, ¿cuántas madejas de hilo azul le dará a cada una? _____

¿Cuántas madejas de hilo rojo? _____

¿Cuántas madejas de hilo amarillo? _____

¿Qué procedimiento utilizaste para resolver las preguntas? _____

¿Hiciste dibujos? _____ ¿Buscaste el número perdido en la tabla de multiplicar? _____

¿Utilizaste otro procedimiento? **Discútelo** con tus compañeros.

2 Reparte las siguientes madejas de hilo entre 10 niñas; puedes hacer dibujos o buscar el número perdido en la tabla de multiplicar.

Completa las siguientes expresiones.

Si se reparten 20 madejas de hilo naranja entre 10 niñas, le tocan _____ madejas de hilo a cada niña.

Si se reparten 30 madejas de hilo verde entre 10 niñas, le tocan _____ madejas de hilo a cada niña.

Si se reparten 10 madejas de hilo café entre 10 niñas, le tocan _____ madejas de hilo a cada niña.

3 Observa los repartos de la página anterior; luego, **completa** las expresiones que siguen:

Cuando repartiste 12 madejas de hilo azul entre 6 niñas, ¿le tocaron 2 madejas de hilo

a cada niña? _____

Este reparto también lo puedes anotar así: 12 ÷ 6 = _____

La multiplicación que corresponde a este reparto es 6 x _____ = 12

Cuando repartiste 18 madejas de hilo rojo entre 6 niñas, ¿cuántos madejas de hilo le tocaron

a cada niña? _____

Este reparto también lo puedes anotar así: 18 ÷ 6 = _____

La multiplicación que corresponde a este reparto es: _____ x _____ = _____

4 Haz los siguientes repartos; luego, **completa** las expresiones:

4 madejas de hilo entre 4 niñas:

4 x _____ = 4   4 ÷ 4 = _____

6 madejas de hilo entre 3 niñas:

3 x _____ = 6   6 ÷ 3 = _____

30 madejas de hilo entre 3 niñas:

3 x _____ = 30   30 ÷ 3 = _____

50 madejas de hilo entre 10 niñas:

10 x _____ = 50   50 ÷ 10 = _____

73. Las carreras / En la biblioteca hay un estante con periódicos. Luis y Mónica encontraron en un periódico la siguiente fotografía:

1 De acuerdo con la fotografía del periódico, **contesta**.

¿De qué país es el corredor que llegó en primer lugar? _____

¿En qué lugar llegó el corredor de México? _____ ¿En qué lugar va el corredor de Haití? _____

¿Es cierto que el corredor de Chile va en sexto lugar? _____

¿Por qué? _____

2 Anota en la tabla de abajo el nombre de cada país según el lugar que ocupa el corredor en la foto.

3 Observa cómo se escriben los números para indicar el orden. Después **anota** en la fotografía de arriba el número que le corresponde a cada corredor.

Primero	....	1°
Segundo	....	2°
Tercero	....	3°
Cuarto	....	4°
Quinto	....	5°
Sexto	....	6°
Séptimo	....	7°
Octavo	....	8°
Noveno	....	9°
Décimo	....	10°
Décimo primero	....	11°
Décimo segundo	....	12°

Lugar	Nombre
Primero	
Segundo	
Tercero	
Cuarto	
Quinto	

4 Junto a las hojas del calendario están anotados algunos números ordinales. **Anota** los que faltan.

ENERO
```
D L M M J V S
   01 02 03 04 05 06
07 08 09 10 11 12 13
14 15 16 17 18 19 20
21 22 23 24 25 26 27
28 29 30 31
```
(1ª)

FEBRERO
```
D L M M J V S
         01 02 03
04 05 06 07 08 09 10
11 12 13 14 15 16 17
18 19 20 21 22 23 24
25 26 27 28
```
( )

MARZO
```
D L M M J V S
         01 02 03
04 05 06 07 08 09 10
11 12 13 14 15 16 17
18 19 20 21 22 23 24
25 26 27 28 29 30 31
```
(3ª)

ABRIL
```
D L M M J V S
01 02 03 04 05 06 07
08 09 10 11 12 13 14
15 16 17 18 19 20 21
22 23 24 25 26 27 28
29 30
```
( )

MAYO
```
D L M M J V S
   01 02 03 04 05
06 07 08 09 10 11 12
13 14 15 16 17 18 19
20 21 22 23 24 25 26
27 28 29 30 31
```
(5ª)

JUNIO
```
D L M M J V S
            01 02
03 04 05 06 07 08 09
10 11 12 13 14 15 16
17 18 19 20 21 22 23
24 25 26 27 28 29 30
```
( )

JULIO
```
D L M M J V S
01 02 03 04 05 06 07
08 09 10 11 12 13 14
15 16 17 18 19 20 21
22 23 24 25 26 27 28
29 30 31
```
( )

AGOSTO
```
D L M M J V S
         01 02 03 04
05 06 07 08 09 10 11
12 13 14 15 16 17 18
19 20 21 22 23 24 25
26 27 28 29 30 31
```
( )

SEPTIEMBRE
```
D L M M J V S
            01
02 03 04 05 06 07 08
09 10 11 12 13 14 15
16 17 18 19 20 21 22
23 24 25 26 27 28 29
30
```
( )

OCTUBRE
```
D L M M J V S
   01 02 03 04 05 06
07 08 09 10 11 12 13
14 15 16 17 18 19 20
21 22 23 24 25 26 27
28 29 30 31
```
( )

NOVIEMBRE
```
D L M M J V S
         01 02 03
04 05 06 07 08 09 10
11 12 13 14 15 16 17
18 19 20 21 22 23 24
25 26 27 28 29 30
```
( )

DICIEMBRE
```
D L M M J V S
            01
02 03 04 05 06 07 08
09 10 11 12 13 14 15
16 17 18 19 20 21 22
23 24 25 26 27 28 29
30 31
```
( )

Contesta o **completa** lo siguiente, según corresponda:

¿Cómo se llama el tercer mes del año? _____

¿Cuál es el décimo primer mes del año? _____

El décimo segundo mes del año es _____

¿En qué mes del año cumples años? **Escribe** el número ordinal que le corresponde _____

5 **Reúnete** con tus compañeros, formen grupos de 8 niños y **organicen** carreras. Después de las carreras, **anota** en la tabla de abajo los nombres de los niños, según el orden en que hayan llegado a la meta.

Anota el nombre de los niños que llegaron entre el 5° y el 8° lugar:

_____

_____

¿Quién llegó en 6° lugar?

_____

Anota el nombre de los niños que llegaron antes del 4° lugar:

_____

_____

Lugar	Nombre
1°	
2°	
3°	
4°	
5°	
6°	
7°	
8°	

74. Repartimos los billetitos / Cuando salieron de la biblioteca, Itzel, Mónica, Meche y Rosa decidieron jugar al banquito. "¡Vamos a repartirnos los billetes y monedas!", les propuso Itzel.

1 ¿Como cuánto crees que le tocará a cada niña cuando Itzel reparta sus $ 48? **Subraya** lo que creas.

$ 8 $ 15 $ 12

Usa tus billetes y monedas del material recortable para averiguar si tu respuesta es correcta.

2 **Realiza** algunos repartos. **Lee** lo que dicen Itzel y sus amigas:

¿Cuánto dinero le tocó en total a cada niña? _____

¿Sobraron billetes o monedas? _____

Lee lo que hizo Mónica para repartir sus $ 36:

Ayúdale a Mónica a terminar el reparto. Si lo necesitas, **dibuja** las monedas que le tocarían a cada niña.

¿Cuánto dinero le tocó a cada niña? _____

2 **Haz** los repartos de Rosa y Meche dibujando los billetes y monedas.

$ 64 entre 4 niñas.
A cada niña le tocan $ _____

$ 28 entre 4 niñas.
A cada niña le tocan $ _____

¿Tuviste que cambiar monedas de $ 10? ¿Por qué? _____

Subraya con rojo las operaciones que corresponden al reparto de Itzel, con azul las operaciones que corresponden al reparto de Mónica, con morado las que corresponden al reparto de Rosa y con verde las que corresponden al reparto de Meche:

$48 \div 4$ $36 \div 4$ $28 \div 4$ $64 \div 4$

$4 \times$ _____ $= 48$ $4 \times$ _____ $= 36$ $4 \times$ _____ $= 28$ $4 \times$ _____ $= 64$

3 **Haz** los siguientes repartos. Si quieres **dibuja** monedas en tu cuaderno. Luego **anota** las operaciones que sirven para encontrar los resultados:

$ 84 entre 7 niños: $84 \div 7 =$ _____

$ 42 entre 7 niños: _____

$7 \times$ _____ $= 84$

_____

4 **Subraya** las operaciones que van a tener un resultado mayor que 10:

$63 \div 9 =$ _____ $56 \div 8 =$ _____ $96 \div 8 =$ _____

$140 \div 7 =$ _____ $72 \div 6 =$ _____ $100 \div 10 =$ _____

Comprueba si acertaste utilizando tu calculadora.

1 Meche compró un libro muy curioso para la biblioteca; tiene muchos dibujos y pocas palabras. Además, cuenta historias que plantean problemas.
Esta página es como las del libro que compró Meche. Los dibujos de abajo plantean un problema. Obsérvalos y escribe el problema que plantean. Luego resuélvelo y coloréalo.

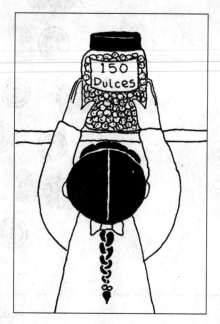  

Problema: _____

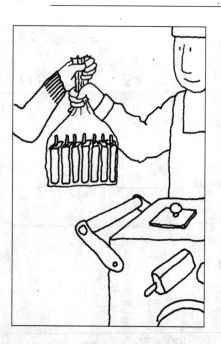 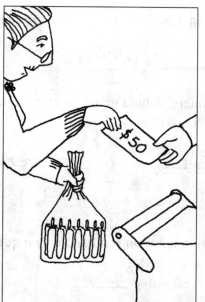 

Problema: _____

_____

Observa los siguientes dibujos y escribe los problemas que plantean. Luego, resuélvelos.

Problema: _____

_____

Problema: _____

_____

Bloque 5

75. Las piezas del rompecabezas / Pepe y Paco jugaron con unos rompecabezas. Aunque tardaron mucho en armarlos, no se dieron por vencidos.

1 ¿Cuál rompecabezas tiene más piezas, el de Paco o el de Pepe? _____

Para verificar tu respuesta, **utiliza** el procedimiento que quieras.

¿Cuántas piezas tiene el rompecabezas de Paco? _____

¿Cuántas piezas tiene el rompecabezas de Pepe? _____

¿Cuántas piezas más tiene un rompecabezas que otro? _____

Subraya con rojo la multiplicación que corresponde al rompecabezas de Paco y con azul la que corresponde al rompecabezas de Pepe. Luego, **anota** los resultados.

15 x 15 = _____   18 x 12 = _____

2 **Observa** cómo calculó Pepe cuántas piezas tiene su rompecabezas:

Yo sumé 12 veces 18, así:
18 + 18 + 18 + 18 + 18 +
18 + 18 + 18 + 18 + 18 +
18 + 18 = 216

Observa cómo calculó Paco:

Primero divido mi rompecabezas en esta forma:

Luego, hago las operaciones y sumo los resultados así:
5 x 5 = 25   25
5 x 10 = 50   + 50
10 x 5 = 50   50
10 x 10 = 100   100
                  225

	10	5
10	10 x 10	10 x 5
5	5 x 10	5 x 5

Pepe dice que para calcular el número de piezas, también podría sumar 18 veces el número 12. ¿Estás de acuerdo con Pepe? **Coméntalo** con tus compañeros.

Utiliza el procedimiento que usó Pepe para calcular el número de piezas de Paco y el procedimiento que usó Paco para calcular la cantidad de piezas de Pepe. **Hazlo** en tu cuaderno.

3 Mario y Miguel armaron otros rompecabezas. **Utiliza** el procedimiento que usó Paco para saber cuántas piezas tiene cada uno.

10 x 10   10 x 6

10 x 4   6 x 4

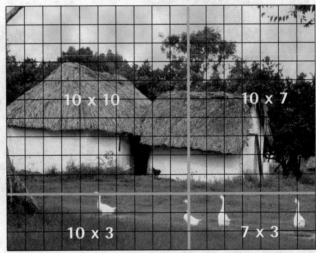

10 x 10   10 x 7

10 x 3   7 x 3

_____ x _____ = _____

_____ x _____ = _____

_____ x _____ = _____

_____ x _____ = _____

Total de piezas = _____

_____ x _____ = _____

_____ x _____ = _____

_____ x _____ = _____

_____ x _____ = _____

Total de piezas = _____

¿Cuántas piezas más tiene un rompecabezas que otro? _____

76. Rompecabezas / Uno de los pasatiempos favoritos
de Mónica es armar rompecabezas. Acompáñala a jugar con las piezas
que hay en esta página.

1 Para realizar las actividades de esta lección, **utiliza** las figuras que hay en el material recortable número 16. Estas figuras son las piezas de un rompecabezas que se llama *tangram*.

¿Cuántas piezas tiene el rompecabezas? _____

¿Qué formas hay en el rompecabezas? **Coméntalo** con tus compañeros y tu maestro.

2 Éstas son algunas piezas del rompecabezas. **Trata** de cubrir cada una utilizando piezas más chicas. Cuando logres cubrir una, **marca** en el dibujo los contornos de las piezas que usaste. Para cubrir puedes utilizar varias veces la misma pieza.

3 **Pon** una *x* a las figuras que tienen la misma forma, y una palomita a las que tienen la misma área.

3 **Trata** de cubrir las siguientes figuras sin usar los dos triángulos grandes. **Dibuja** los contornos de las piezas que uses, como lo hiciste en el dibujo anterior.

¿Cuál de estas dos figuras tiene más área? _____

¿Cuál tiene los lados paralelos? _____

¿Cuántos ejes de simetría tiene el triángulo? _____

¿Cuántos ejes de simetría tiene el cuadrado? _____

4 **Trata** de formar un rectángulo y un triángulo utilizando todas las piezas del rompecabezas. Cuando logres formar las figuras, **dibújalas** en tu cuaderno. **Compara** tu trabajo con el de tus compañeros.

77. Repartos / Llegó el momento de repartir las utilidades de la cooperativa.

1 A Toño, Luis, Itzel y otros cinco amigos les tocaron $ 72. Decidieron repartirse el dinero en partes iguales. **Utiliza** el procedimiento que quieras para saber cuánto le toca a cada niño.

Luego **anota** tu respuesta. _____

Fíjate ahora en el procedimiento que utiliza Toño para hacer la división 72 ÷ 8:

Vean cómo lo hice: anoto dentro de la casita la cantidad que voy a repartir, afuera de la casita anoto la cantidad entre la que voy a repartir:

$8\overline{)72}$

Luego busco en la tabla de multiplicar el número que multiplicado por 8 da 72: 8 x ☐ = 72, anoto el número arriba de la casita:

$8\overline{)72}$ con 9 arriba

Como 9 x 8 son 72, hago una resta para ver cuánto sobra:

$$\begin{array}{r} 9 \\ 8\overline{)72} \\ -72 \\ \hline 0 \end{array}$$

toca a nueve y sobra cero.

Esta es la división que hicieron los niños para repartir 72 ÷ 8; **haz** con ella lo que se indica:

$$\begin{array}{r} 9 \\ 8\overline{)72} \\ -72 \\ \hline 0 \end{array}$$

Subraya con rojo el número que indica lo que se va a repartir.
Subraya con azul el número que indica entre cuántos se va a repartir.
Subraya con verde el resultado del reparto.

2 Resuelve las siguientes divisiones usando la casita. **Recuerda**: adentro va el número que se va a repartir. Puedes buscar los resultados en la tabla de multiplicar.

21 ÷ 3 =

60 ÷ 6 =

49 ÷ 7 =

Busca una manera de comprobar tus resultados y **ponla** en práctica.

Sin hacer las operaciones por escrito, **tacha** el resultado que creas correcto para cada división.
Después, **comprueba** con tu calculadora.

$64 \div 4 =$ 12   16   9 $105 \div 5 =$ 11   13   21

3 Otro día Toño y Luis estaban platicando:

Con mi procedimiento es fácil repartir 96 entre 4. Reparto primero las decenas. Es como repartir los billetes de $ 10. Les tocan 2 decenas a cada uno y las coloco arriba del nueve.

$$4\overline{)96} \quad \begin{array}{r} 2 \\ -8 \\ \hline 1 \end{array}$$

Oye, pero te sobra una decena.

La decena que sobró la convierto a unidades. Es como cambiar un billete de $ 10 por monedas de $ 1: se las sumo al 6 y quedan 16.

$$4\overline{)96} \quad \begin{array}{r} 2 \\ -8 \\ \hline 16 \end{array}$$

Después busco el resultado en la tabla de multiplicar: 4 x 4 = 16 y lo pongo arriba del 6 que son las unidades:

$$4\overline{)96} \quad \begin{array}{r} 24 \\ -8 \\ \hline -16 \\ 16 \\ \hline 0 \end{array}$$

Utiliza el procedimiento que usó Luis para hacer los siguientes repartos. **Compruébalos** con tus billetes y monedas del material recortable.

$5\overline{)75}$ $7\overline{)84}$ $8\overline{)112}$ $6\overline{)90}$ $7\overline{)105}$

De las siguientes divisiones, **marca** con rojo las divisiones que creas que tienen un resultado mayor que 10. **Marca** con azul las divisiones que creas que tienen un resultado menor que 10.

$5\overline{)60}$ $9\overline{)81}$ $8\overline{)116}$ $10\overline{)10}$ $6\overline{)98}$ $7\overline{)115}$

¿En qué te fijaste para dar tus respuestas? **Coméntalo** con tus compañeros y tu maestro.
Comprueba tus respuestas haciendo las divisiones en tu cuaderno.

78. Cuadrículas engañosas / Paco y sus amigos dibujan
rectángulos de cuadrícula. Con los rectángulos descubren cosas interesantes.

1 **Observa** el procedimiento que utiliza Paco para saber cuántos cuadritos
tiene un rectángulo y **ayúdale** a terminar:

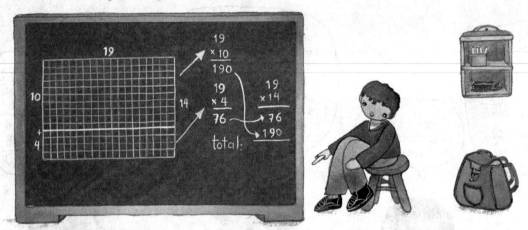

Utiliza el procedimiento que quieras para comprobar si a Paco le sirvió el procedimiento que usó.

Completa la multiplicación que representa el rectángulo completo: 19 x _____ = _____

2 **Calcula** el número de cuadritos del rectángulo.

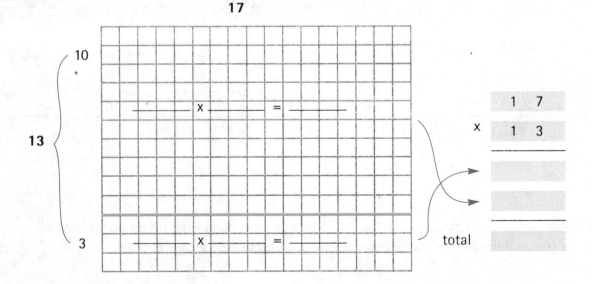

¿Cuántos cuadritos tiene este rectángulo? _____

3 **Reúnete** con tu equipo. Cada quien recorta un rectángulo cuadriculado del tamaño que quiera.
Por turnos, cada niño pone su rectángulo sobre la mesa, los demás dicen cuántos cuadritos creen
que tiene y lo anotan. Después **usen** el procedimiento que quieran para calcular la cantidad exacta
de cuadritos. Gana el que se acercó más al número de cuadritos.

5 **Fíjate** cómo calcula Leti y **ayúdale** a terminar.

En estos rectángulos no se ven los cuadritos, pero como están anotados los números, sí puedo hacer la multiplicación.

Completa la multiplicación que representa el rectángulo de arriba: $16 \times 12 =$ _____

6 **Resuelve** las siguientes multiplicaciones. **Utiliza** el procedimiento de Leti.

Escribe aquí las multiplicaciones que corresponden a los tres rectángulos anaranjados:

_____ x _____ = _____   _____ x _____ = _____   _____ x _____ = _____

Haz otras multiplicaciones como éstas en tu cuaderno. **Utiliza** el procedimiento de Leti.

7 **Inventa** dos problemas que se puedan resolver con una multiplicación. **Pídele** a un compañero que los resuelva y tú **resuelve** los que inventó tu compañero.

79. ¡Primero las monedas de 10!

/ Ana y Leti juegan a repartirse cantidades grandes de dinero. "En estos casos —dijo Ana— los billetes y las monedas de cartoncillo nos pueden ayudar".

1 Ana y Leti van a repartir este dinero entre 5 niños:

¡Ayúdales! **Haz** el reparto. **Dibuja** en los cuadros lo que le tocó a cada niño.

¿Cuánto le tocó a cada uno? _____ ¿Sobró dinero? _____

2 ¿Recuerdas cómo se hacen los repartos en la casita de división? **Fíjate** cómo lo hace Lupe.

Primero, se reparten las decenas; es como repartir las monedas de $ 10.

Las decenas que sobraron las cambio por unidades y las junto con las unidades que había.

Luego, reparto las unidades; toca 9 y sobra 0.

3 **Reparte** 89 entre 4 niños. **Haz** la división en la casita. Si lo necesitas, usa los billetes y monedas.

180

4 **Haz** los siguientes repartos. Si necesitas utiliza los billetes y monedas del material recortable.

Reparte $ 75 entre 3 niños.
Anota aquí la cantidad de billetes y monedas
que le toca a cada niño:

Haz aquí la división:

Monedas de $ 10	Monedas de $ 1

Reparte $ 72 entre 6 niños.

Haz aquí la división:

Monedas de $ 10	Monedas de $ 1

Reparte $ 91 entre 7 niños.

Haz aquí la división:

Monedas de $ 10	Monedas de $ 1

5 Junto a cada una de las divisiones de abajo hay tres resultados. **Subraya**, en cada una, el resultado
que creas correcto. Para comprobar, **haz** las divisiones en tu cuaderno.

$6\overline{)78}$ 28   13   15 $5\overline{)65}$ 13   15   16

$7\overline{)98}$ 35   24   14 $3\overline{)87}$ 32   29   14

$4\overline{)84}$ 14   30   21 $6\overline{)84}$ 42   14   39

181

80. En gustos se rompen géneros / Varios niños del grupo de Luis discuten acerca de las asignaturas que les gustan más en tercer grado. Como podrás ver, hay distintas opiniones.

1 Toño hizo una encuesta en su grupo. A cada uno de sus compañeros le preguntó: ¿cuál es la asignatura que más te gusta?

Cada compañero eligió una asignatura y Toño registro las preferencias en una tabla como la de abajo.

Asignaturas	Preferencias
Español	ⵀⵀⵀ ////
Matemáticas	ⵀⵀⵀ ⵀⵀⵀ
Historia	ⵀⵀⵀ ///
Geografía	ⵀⵀⵀ ///
Otras	///

2 Con base en la información de la tabla **contesta**:

¿Cuántos de sus compañeros prefieren geografía? _____

¿Cuántos prefieren español? _____

¿Cuál es la asignatura que les gusta a más niños? _____

Hay 2 asignaturas que gustan a igual número de niños, ¿cuáles son? _____

¿Cuántos niños participaron en la encuesta de Toño? _____

¿Cómo hiciste para saberlo? _____

Con la información que hay en la tabla, Toño empezó la siguiente gráfica. **Ayúdalo** a terminarla.

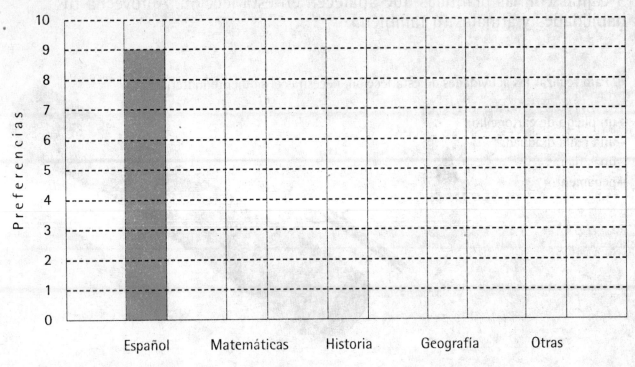

Viendo esta gráfica, ¿cómo puedes saber la cantidad

de alumnos que consultó Toño? _____

3 **Haz** una encuesta como la que realizó Toño. **Pregunta** a cada uno de tus compañeros
cuál es la asignatura que más le gusta.
Anota la información en la tabla de abajo. Después, **completa** la gráfica.

Asignaturas	Preferencias
Español	
Matemáticas	
Historia	
Geografía	
Otras	

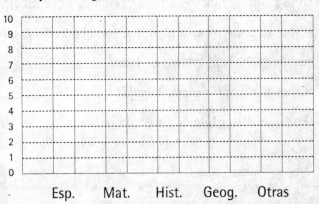

¿Cuál es la asignatura que les gusta a más compañeros del grupo? _____

¿Cuál es la asignatura que menos les gusta? _____

¿Hay asignaturas que prefieren igual número de niños? _____

¿Cuáles? _____

Comenta tus respuestas con tus compañeros y con tu maestro.

81. Plantillas para construir / Leti y Paco quieren armar 3 cajitas con las plantillas que aparecen en esta lección. Aprovecha tus habilidades y ármalas tú también.

1 Para realizar las actividades de esta lección, necesitas el siguiente material:

—un pliego de cartoncillo
—una regla graduada
—unas tijeras
—pegamento

El dibujo de abajo es una plantilla con la que se puede construir una caja. Antes de que traces tu plantilla y armes la caja, **contesta** las siguientes preguntas.

¿Cuántos cuadrados tienes que dibujar en tu plantilla? _____

¿Cuántas pestañas debes ponerle? _____

En la plantilla que vas a hacer, ¿cuánto debe medir cada uno de los cuadrados? _____

¿Crees que quepa esta plantilla, con las medidas que se indican, en un pedazo de cartoncillo que mida 20 centímetros de lado? _____

¿Crees que podrás cerrar la caja? _____

¿Por qué? **Discútelo** con tus compañeros.

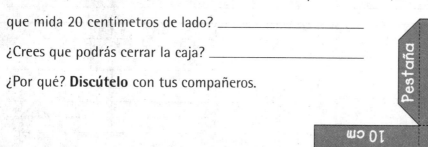

2 **Lee** las instrucciones para hacer la caja:
1. **Dibuja** la plantilla sobre el cartoncillo.
2. **Cuida** que las medidas sean las señaladas.
3. **Recórtala** y **dóblala** sobre las líneas punteadas y **pégala**.
4. Cuando la caja esté armada, **ponle** la letra A.

3 Con esta otra plantilla vas a construir otra caja. **Obsérvala** y **contesta** las preguntas.

¿Qué formas ves en esta plantilla? _____

¿Cuántos cuadrados hay en esta plantilla? _____

¿Cuánto miden sus lados? _____

¿Cuántos rectángulos tiene? _____

¿Cuánto miden sus lados? _____

¿Qué forma tienen las pestañas de la plantilla? _____

¿Crees que la plantilla quepa en una cartulina de 20 centímetros por lado? Discútelo con tus compañeros.

Dibuja la plantilla de esta caja y **ármala** como lo hiciste
con la anterior. Luego **ponle** la letra B.

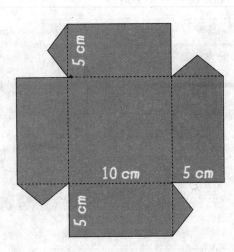

4 Con una plantilla como ésta construye la tercera caja.

¿Qué formas ves en esta plantilla? _____

¿Cuántos cuadrados y cuántos rectángulos

hay en esta plantilla? _____

¿Son iguales todos los rectángulos

de la plantilla? _____

Anota las medidas de los lados de los rectángulos.

largo: _____ ancho: _____

Dibuja la plantilla, arma la caja y ponle la letra C.
Cuando termines **guarda** las tres cajas
porque las necesitarás para realizar otras actividades.

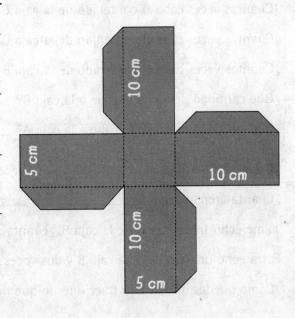

82. Lo que cabe en una caja / Leti y Paco quieren saber cuánto les cabe a las cajas que armaron. Ayúdales a averiguarlo.

Consigue un recipiente de $\frac{1}{4}$ de litro.
Puede ser un envase de jugo o cualquier otro que
en su etiqueta tenga alguna de estas leyendas:

Contenido: $\frac{1}{4}$ de l.

Contenido: 250 ml.

Contenido: 0.250 l.

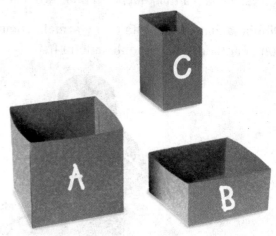

1 Puedes utilizar el recipiente, arena y las cajas que construiste en la lección anterior para contestar las siguientes preguntas

¿A cuál de las tres cajas que construiste le cabe $\frac{1}{4}$ de litro? _____

¿Cuántas veces cabe el contenido de la caja C en la caja B? _____

¿Cuántas veces cabe el contenido de la caja C en la caja A? _____

¿Cuántas veces cabe el contenido de la caja B en la caja A? _____

¿Qué cantidad de arena le cabe a la caja B? _____

¿Qué cantidad de arena le cabe a la caja A? _____

2 Pepe echó arena en un bote. Vació dos veces el contenido de la caja A y una vez el de la caja B.

¿Cuánta arena vació? _____

Jaime echó tres veces el de la caja B, ¿cuánta arena vació? _____

Petra echó una vez el de la caja B y dos veces el de la caja C, ¿cuánta arena vació? _____

¿Cómo puedes indicar con fracciones lo que hizo Petra? _____

3 Javier vació esta cantidad de arena: 1 litro + $\frac{1}{2}$, ¿cuáles cajas utilizó? _____

Meche vació esta cantidad de arena: $\frac{1}{2}$ litro + $\frac{1}{4}$ de litro, ¿cuáles cajas utilizó? _____

Paco vació esta cantidad de arena: $\frac{1}{2}$ litro + $\frac{1}{2}$ litro. ¿Crees que vació más de 1 litro,

menos de 1 litro o 1 litro? _____

Inés vació esta cantidad:

$\frac{1}{4}$ de litro + $\frac{1}{4}$ de litro + $\frac{1}{4}$ de litro + $\frac{1}{4}$ de litro

¿Cuánto vació en total? _____

4 Toño necesita vaciar 2 $\frac{1}{2}$ litros de arena. **Escribe** dos formas diferentes de hacerlo, usando siempre las tres cajas.

Primera forma   Segunda forma

Escribe dos formas diferentes de vaciar $\frac{3}{4}$ de litro de arena, usando las cajas que quieras.

Primera forma   Segunda forma

Escribe tres formas diferentes de vaciar 1 litro de arena, usando las cajas que quieras.

Primera forma   Segunda forma   Tercera forma

5 Javier, Meche y Pablo se pusieron a vaciar arena. Javier vació 2 cajas B y una caja C; Meche vació una caja A y 2 cajas C; Pablo vació una caja A, una caja B y una caja C.

¿Quién de los 3 niños vació más arena? _____

¿Quién de los 3 niños vació menos arena? _____

83. Autobuses para la excursión / En la escuela de Paco van a alquilar autobuses para salir de excursión. Quieren saber si el dinero que juntaron les alcanza; para ello averiguan cuánto cobran algunas empresas.

1 La maestra de Paco pidió informes por teléfono y los apuntó en el pizarrón.
Anota en la tabla las cantidades con números.

Compañía	Costo del viaje	$
Viajes inolvidables	Dos mil quinientos cuarenta y ocho pesos	
Excursiones fantásticas	Dos mil cuatrocientos sesenta pesos	
Transportes escolares	Dos mil ciento veinte pesos	

Yo creo que podemos alquilar el autobús en Excursiones fantásticas.

188

Ordena los precios que aparecen en la tabla de mayor a menor: _____ > _____ > _____

¿Crees que conviene contratar a la compañía que dice Paco? _____

Si dos números de cuatro cifras tienen igual cantidad de millares, ¿qué tienes que hacer para saber cuál de los dos es mayor? **Coméntalo** con tus compañeros y tu maestro.
Ana utiliza este procedimiento para comparar los números:

Comparo los millares, si no son iguales ya sé cuál número es mayor.

Si son iguales los millares, comparo las centenas.
Si las centenas son diferentes, entonces ya sé cuál número es mayor.

Si los millares y las centenas son iguales, comparo las decenas...
5 673 > 5 636

8 976	4 520	5 673
7 936	4 720	5 636

¿Qué procedimiento seguirá Ana para comparar números, si los millares, las centenas y las decenas de los números son iguales? **Discútelo** con tus compañeros y tu maestro.

2 **Reúnete** con un compañero y formen números con las tarjetas numéricas.
Revuelvan sus tarjetas y **colóquenlas** con los números hacia abajo. Después, cada quien **saque**
4 tarjetas. El número de la primera tarjeta indicará las unidades; el de la segunda tarjeta indicará
las decenas; el de la tercera, indicará las centenas, y el de la cuarta tarjeta, los millares.
Cada quien debe tirar 8 veces.
Anoten cada uno de los números que formen en las líneas que corresponde.

Números que están entre el 0 y el 3 333: _____

_____

_____

Números que están entre el 3 334 y el 6 666: _____

_____

_____

Números que están entre el 6 667 y el 9 999: _____

_____

_____

De todos los números que escribieron, ¿cuál es el mayor? _____

Y ¿cuál es el menor? _____ ¿Cuál es la diferencia entre los dos? _____

En su cuaderno **ordenen**, de menor a mayor, los números que escribieron en cada grupo.
Subrayen los números en los que el 3 representa 300 unidades y **escriban** el nombre
de esos números.

3 **Completa** las siguientes series:

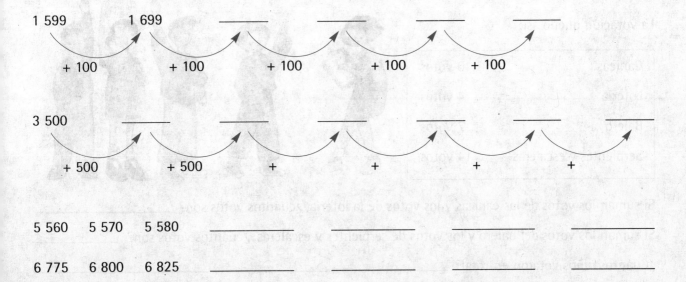

1 599   1 699   _____   _____   _____   _____

    + 100   + 100   + 100   + 100   + 100

3 500   _____   _____   _____   _____   _____   _____

    + 500   + 500   +   +   +   +

5 560   5 570   5 580   _____   _____   _____   _____

6 775   6 800   6 825   _____   _____   _____   _____

84. ¿A qué jugamos? / Ana va a organizar los juegos durante la excursión. Sus compañeros tienen distintas propuestas.

1 **Lee** con cuidado lo que comentan sus compañeros.

190

Para saber cuál juego prefieren los niños del grupo, Ana propone votar por 4 juegos; las canicas, la lotería, el balero y serpientes y escaleras. Cada niño puede votar sólo por un juego.

La votación quedó así:

Canicas	10 votos
Lotería	4 votos
Balero	7 votos
Serpientes y escaleras	14 votos

Si suman los votos de las canicas y los votos de la lotería, ¿cuántos votos son? _____

Si suman los votos del balero y los votos de serpientes y escaleras, ¿cuántos votos son? _____

¿Cuántos niños votaron en total? _____

2 Ana comenzó a registrar los votos en una gráfica como la de abajo. **Completa** la gráfica y luego **contesta**.

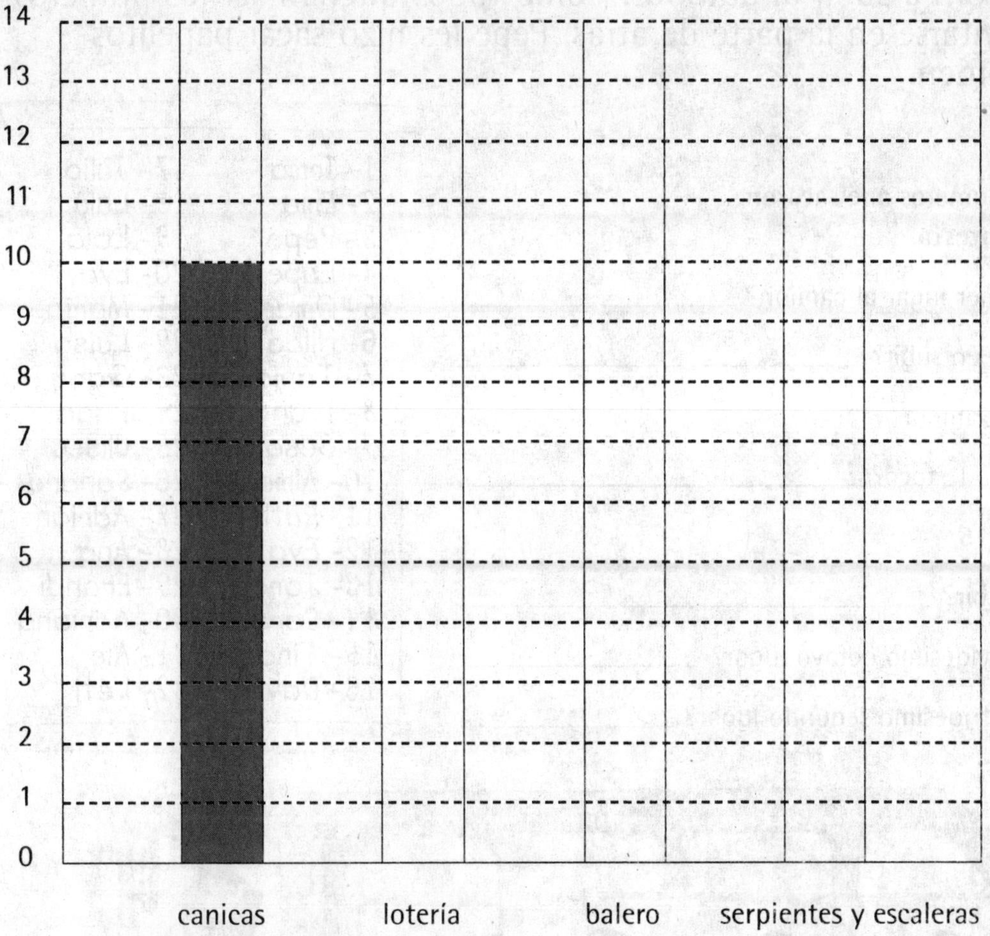

14
13
12
11
10
9
8
7
6
5
4
3
2
1
0
canicas
lotería
balero
serpientes y escaleras

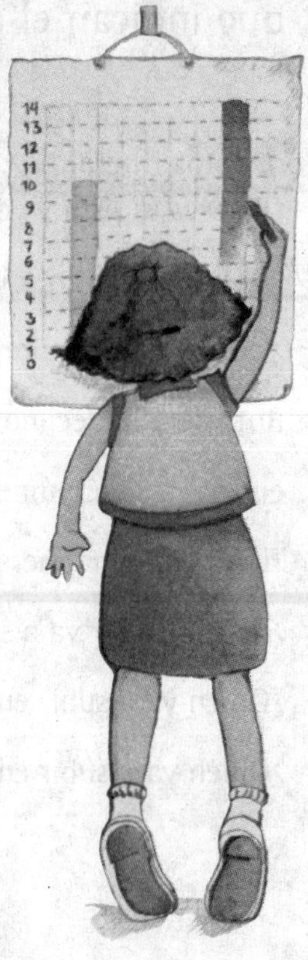

¿Qué juego tuvo más votos? ___

¿Qué juego tuvo menos votos? ___

El juego que tuvo más votos, ¿es un juego de azar? ___ ¿Por qué? ___

¿Qué otros juegos de azar conoces? Anota aquí sus nombres: ___

___

¿Por qué crees que son juegos de azar? **Discútelo** con tu maestro y con tus compañeros.

3 En la gráfica que está arriba, ponle una palomita a las barras donde están representados los votos de los juegos de azar.

4 **Reúnete** con un compañero y jueguen varias veces a las damas.

¿Crees que el juego de las damas es un juego de azar? ___

¿Por qué? ___

Comenta tus respuestas con tus compañeros y con tu maestro.

85. Las competencias / Pepe es el encargado de ordenar a los niños que van a subir al autobús. Como todos querían ser los primeros en subir para sentarse en la parte de atrás, Pepe les hizo sacar papelitos que indican el orden.

1 Éstos fueron los números que sacaron.
Observa la lista y **contesta**.

¿Quién subirá en primer lugar al camión? _____

¿Quién será el quinto en subir? _____

Ruth será la décimo primera

en subir. ¿Qué número le tocó? _____

Tina tiene el número 15,

¿en qué lugar va a subir? _____

¿Quién va a subir en vigésimo octavo lugar? _____

¿Quién va a subir en trigésimo segundo lugar? _____

1- Irma	17- Julia
2- Ema	18- Lulú
3- Pepe	19- Lola
4- Lupe	20- Eva
5- Omar	21- María
6- Hilda	22- Luisa
7- Tania	23- Gaby
8- Iván	24- Paco
9- César	25- Ulises
10- Alma	26- Sandra
11- Ruth	27- Adrián
12- Eva	28- Ana
13- Jorge	29- Erandi
14- Sara	30- Adriana
15- Tina	31- Ale
16- David	32- Leti

192

2 Durante la excursión, se organizaron competencias. Al final, Alma presentó una lista de los lugares que ocuparon los niños.

Completa la siguiente lista, escribiendo lo que falta en cada línea:

Carrera de 50 metros	
Nombre	Lugar
César	1°
Ana	2°
David	tercero
Ulises	4°
Sara	5°
Tina	6°
Jorge	séptimo
Alma	8°
Ruth	9°
Pepe	10°

Relaciona la columna de la derecha con la de la izquierda.

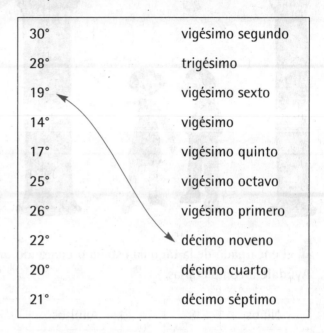

30°	vigésimo segundo
28°	trigésimo
19°	vigésimo sexto
14°	vigésimo
17°	vigésimo quinto
25°	vigésimo octavo
26°	vigésimo primero
22°	décimo noveno
20°	décimo cuarto
21°	décimo séptimo

3 **Completa** la siguiente lista:

27° _____   _____ vigésimo octavo

29° _____   _____ trigésimo

La escuela de Paco está festejando su décimo noveno aniversario.

¿Cuántos años cumple la escuela? _____

4 **Escribe** un problema que pueda resolverse con los dibujos de abajo.

Problema:

_____

_____

86. El museo / Uno de los lugares que los niños visitaron durante la excursión fue el Museo de Historia.

1 El encargado de la taquilla estaba preparando unas listas de precios como las de abajo. **Ayúdale** a completarlas.

Niños	$
1	2
2	4
3	6
5	
10	
12	

Adultos	$
1	
2	10
3	
4	20
5	25
6	

Estudiantes con credencial	$
1	3
2	6
4	
6	
7	
10	

¿Cuánto pagó el grupo de nuestros amigos, si son 32 niños y la maestra? _____

¿Cuánto hay que pagar por la entrada de 15 niños? _____

¿Cuánto hay que pagar por la entrada de 13 niños y 2 adultos? _____

¿Cuánto hay que pagar por la entrada de 7 estudiantes con credencial? _____

Si entran 6 niños, 2 adultos y 3 estudiantes con credencial, ¿cuánto tienen

que pagar en total? _____

Después entraron otras personas. El encargado les cobró en total $ 18.

¿Qué personas crees que entraron? _____

2 A la salida del museo, había una señora que vendía bolsitas de pistaches.

Si en una bolsita hay 30 pistaches, ¿cuántos pistaches hay en 3 bolsitas? _____

¿Para cuántas bolsitas alcanzan 150 pistaches? _____

3 La señora que vendía los pistaches también tenía una lista de precios. **Ayúdale** a completarla
y luego **contesta** las preguntas.

Bolsitas de pistaches	$
1	
2	
3	15
	20
5	25
6	
8	
	50

¿Cuánto tiene que cobrar la señora si le compran 12 bolsitas? _____

En un día la señora vendió $ 80. ¿Cuántas bolsitas vendió? _____

¿Por qué número se puede multiplicar para encontrar los precios que faltan en la tabla

de la señora? _____

4 **Completa** las siguientes tablas. **Utiliza** el procedimiento que quieras.

x _____

2	4
3	6
4	
5	
6	

x _____

3	12
4	16
5	
6	
	28

x _____

6	30
8	40
9	
10	
	55

x _____

2	
	21
4	
	35
6	42

¿Qué procedimiento seguiste para completar las tablas? **Coméntalo** con tus compañeros y tu maestro.

87. Pasado y presente

/ Ana compró en la tienda del museo un libro con fotos de un lugar histórico que hay en Oaxaca y que se llama Mitla. En las fotos se ven algunas grecas.

¡Mira, mi vestido tiene grecas! Las voy a dibujar en mi cuaderno.

1 **Termina** de dibujar la greca que está a continuación y **coloréala**.

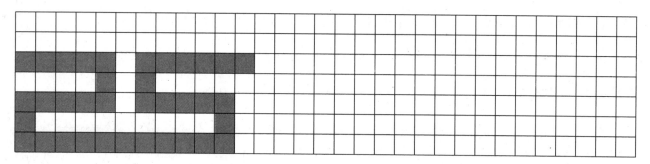

Ésta es otra greca del vestido de Ana. **Termina** de colorearla y **cópiala** en tu cuaderno.

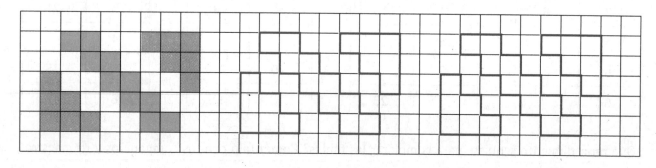

2 Esta greca la copió Leti de un rebozo. **Termina** de dibujarla; luego, **cópiala** en tu cuaderno de cuadrícula.

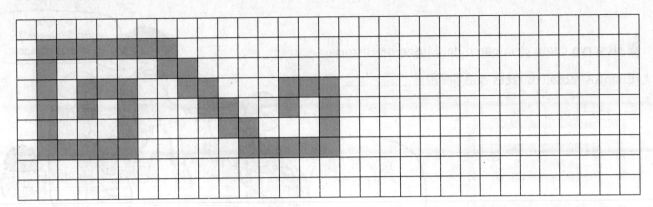

3 Pepe dibujó parte de una greca que está en otra fotografía de Mitla. **Termina** de dibujarla y **coloréala**.

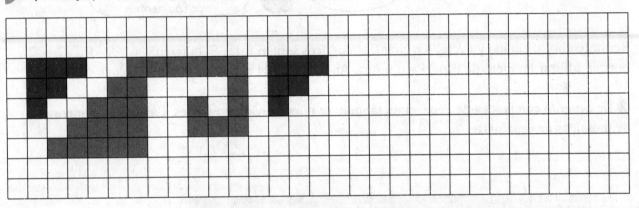

4 Paco comenzó a copiar esta greca, **termina** de dibujarla y coloréala.

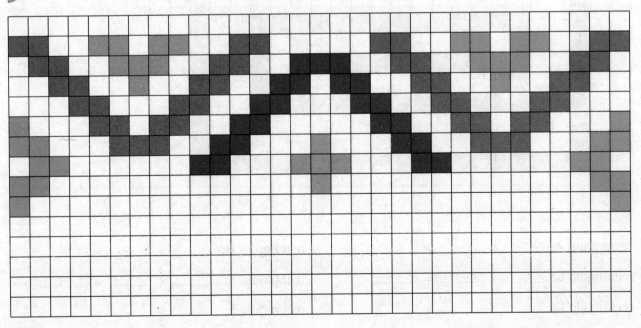

Inventa otras grecas y **hazlas** en tu cuaderno.

88. Paredes de mosaicos / A Pepe le gustó mucho el museo porque tenía paredes con mosaicos de dos colores.

1 **Observa** cómo es la pared del Museo de Historia.

¿Cuántos mosaicos crees que tiene? _____

Reúnete con tu equipo y averigüen cuántos mosaicos son en total. Si quieren, pueden utilizar las ideas de Pepe, Paco o Ana. **Anoten** aquí el resultado que obtengan. _____

2 De acuerdo con la idea de Pepe, el rectángulo se puede dividir en partes. **Calcula** el número de mosaicos de cada parte.

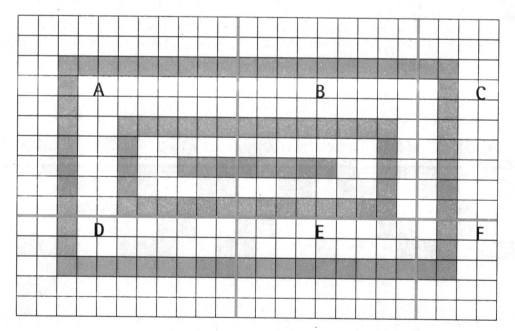

rectángulo A: _____ x _____ = _____

rectángulo B: _____ x _____ = _____

rectángulo C: _____ x _____ = _____

rectángulo D: _____ x _____ = _____

rectángulo E: _____ x _____ = _____

rectángulo F: _____ x _____ = _____

¿Cuántos mosaicos tiene la pared en total? _____

2 **Calcula** en tu cuaderno cuántos cuadritos tienen los rectángulos de abajo. No están dibujados los cuadritos, pero tienen anotados los números.

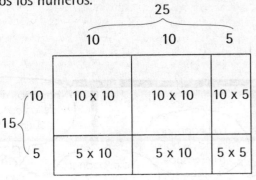

	25		
	10	10	5
10	10 x 10	10 x 10	10 x 5
5	5 x 10	5 x 10	5 x 5

(15 = 10 y 5)

25 x 15 = _____

	32			
	10	10	10	2
10	10 x 10			
10	10 x 10			

(20 = 10 y 10)

32 x 20 = _____

3 **Observa** el siguiente procedimiento y **completa** lo que falta:

Utiliza este procedimiento para calcular lo siguiente:

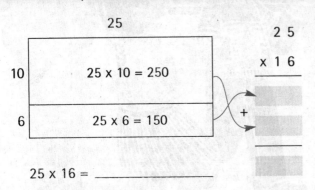

	25
10	25 x 10 = 250
6	25 x 6 = 150

25 x 16 = _____

```
  2 5
x 1 6
------
```
+

199

Utiliza este procedimiento para calcular lo siguiente:

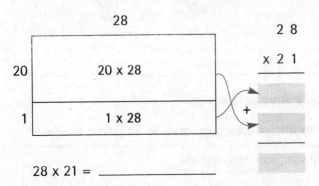

	28
20	20 x 28
1	1 x 28

28 x 21 = _____

```
  2 8
x 2 1
```
+

	36
30	30 x 36
3	3 x 36

36 x 33 = _____

```
  3 6
x 3 3
```
+

4 **Haz** las siguientes multiplicaciones en tu cuaderno. Puedes usar el procedimiento utilizado en esta lección.

43 x 25   45 x 32   56 x 26

Escribe en tu cuaderno dos problemas que puedas resolver con la multiplicación 39 x 54.

89. El convivio / Algunos niños del grupo de Toño piensan que sería bueno organizar un convivio antes de que termine el año escolar.

1 ¿Tú qué hubieras propuesto? _____

La mayoría del grupo prefirió tacos de pollo, gelatinas y agua de naranja.

Como eran muchos tacos, se hizo una lista de los niños que podían colaborar. Se anotaron 6 niños.

En el grupo de Luis hay 35 niños y, contando a la maestra, son 36 personas.

Más o menos ¿cuántos litros de agua serán suficientes para 36 personas? _____

¿Cuántas gelatinas? _____ ¿Cuántos tacos de pollo? _____

Comenta las tres preguntas anteriores con tus compañeros y con tu maestro para que todos

contesten lo mismo.

¿Cuántos tacos de pollo tendría que llevar cada uno de los 6 niños que ofrecieron hacerlos? _____

2 Después de la fiesta, los niños hicieron las cuentas para saber cuánto gastaron. **Anota** sobre las líneas los precios que conozcas, no importa que sean aproximados. Si te faltan algunos, **pregúntale** a tus compañeros o a tu maestro.

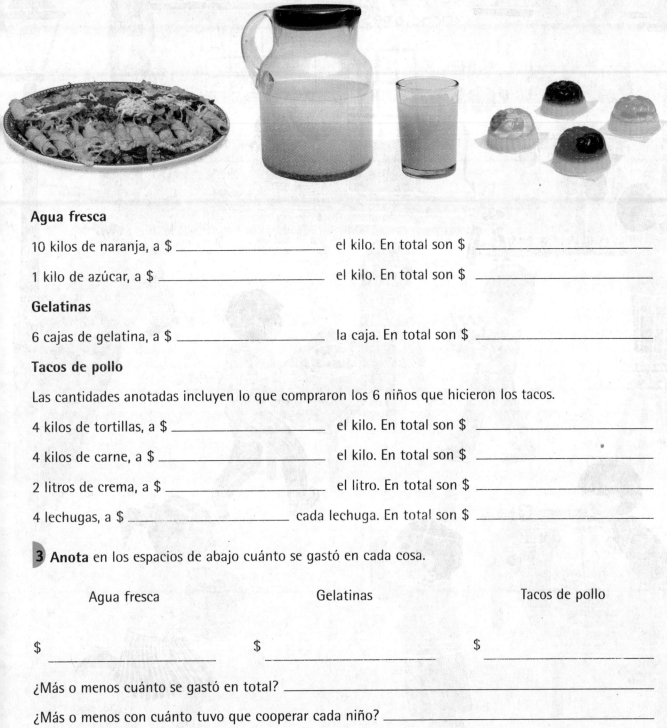

Agua fresca

10 kilos de naranja, a $ _____ el kilo. En total son $ _____

1 kilo de azúcar, a $ _____ el kilo. En total son $ _____

Gelatinas

6 cajas de gelatina, a $ _____ la caja. En total son $ _____

Tacos de pollo

Las cantidades anotadas incluyen lo que compraron los 6 niños que hicieron los tacos.

4 kilos de tortillas, a $ _____ el kilo. En total son $ _____

4 kilos de carne, a $ _____ el kilo. En total son $ _____

2 litros de crema, a $ _____ el litro. En total son $ _____

4 lechugas, a $ _____ cada lechuga. En total son $ _____

3 **Anota** en los espacios de abajo cuánto se gastó en cada cosa.

Agua fresca	Gelatinas	Tacos de pollo
$ _____	$ _____	$ _____

¿Más o menos cuánto se gastó en total? _____

¿Más o menos con cuánto tuvo que cooperar cada niño? _____

4 **Comprueba** tus resultados con la calculadora.

Índice para el maestro

MEDICIÓN

GEOMETRÍA

TRATAMIENTO DE LA INFORMACIÓN

LA PREDICCIÓN Y EL AZAR

Referencias bibliográficas y hemerográficas

Los números entre paréntesis y negritas indican la página de la presente edición donde aparecen los textos e imágenes tomados de las siguientes fuentes:

Soy huichol, Col. Libros del Rincón, Refugio González, SEP/Conafe/Limusa, México, 1988, p. 8 **(20, 21, 33 y 162)**.
Ilustración copiada de:
Pelos y plumas, Annette Tison y Talus Taylor (trad. Isabel Vericat), Mondadori Editore/SEP, España, 1992, pp. 26-27 **(84)**.

Texto adaptado:
"Dinosauria", Benjamín Santamaría, en *La jornada infantil*, año 6, número 312, México, sábado 27 de febrero de 1993, **(128)**.
Ilustración copiada de:
Grandes y pequeños, Col. Libros del Rincón, Annette Tison y Talus Taylor (trad. Isabel Vericat), Mondadori Editores/SEP, México, 1992, pp. 10-11 **(144)**.
Texto adaptado de:
"El sueño de los animales", Sonia Buchanin, en *La jornada infantil*, año 6, número 307, México, sábado 23 de enero de 1993 **(146)**.

Créditos de imagen

Fotógrafos
Paul Czitrom (p. 196)
Fulvio Eccardi (p. 64 jirafa)
Gerardo Hellion (p. 87)
Rafael Miranda (p. 7)
Pablo Ortiz Monasterio (pp. 20, 21 y 72)
Michel Zabé (p. 72 perico)

Libros
Los números entre paréntesis y negritas indican la página de la presente edición donde aparecen las imágenes tomadas de las siguientes fuentes:
Animales, Enciclopedia Salvat de la fauna, fascículos semanales, Salvat Editores, Madrid, 1973.
• s. f. p. 117 **(146)**
Diversidad de la fauna mexicana, Gerardo Ceballos y Fulvio Eccardi, CEMEX y Agrupación Sierra Madre, México, 1996.
• Patricio Robles Gil: p. 12 **(172 venado)**
Enciclopedia de los dinosaurios y animales prehistóricos, Dougal Dixon *et. al.*, Plaza y Janés, Tusquets y Ediciones La Caixa, 4ª ed., Barcelona, 1993.
• Ilustraciones: p. 110 **(129 Muttaburrasaurus)**, 119 **(129 Compsognathus)**, 131 **(128)**
Escala, Revista a bordo de Aeroméxico, México, diciembre, 1999.
• Fotografía de Deportes Martí: p. 70 **(28 bicicleta)**

Gatos, Juliet Clutton-Brock, Biblioteca visual Altea, México, Aguilar, Altea, Taurus, Alfaguara, 1991.
• s. f. p. 48 **(72 gato)**
Los animales del zoo, Carl Stemmler, Ediciones Toray, Barcelona, 1980.
• Jürg Klages: p. 29 **(64 elefante)**
Los mamíferos, Steve Parker, Biblioteca visual Altea, México, Aguilar, Altea, Taurus, Alfaguara, 1992.
• s. f. p. 3 **(64 chimpancé)**
Los transportes, hechos fascinantes, Enciclopedia Británica, Publications International, Ltd., Illinois, 1992.
• Academy of Natural Sciences *et al.*: p. 7 **(28 locomotora)**, 12 **(28 automóvil)**, 24 **(28 zeppelin)**
Perros, Juliet Clutton-Brock, Biblioteca visual Altea, México, Aguilar, Altea, Taurus, Alfaguara, 1992.
• s. f. p. 5 **(72 perro)**
Puertos del Aire, Sector Comunicaciones y Transportes y Aeropuertos y Servicios Auxiliares; México, 1997.
• Eric Goethals: p. 141 **(28 aeropuerto)**
Space Shuttle, Bill Yenne, Bison Books, Londres, 1986.
• NASA: p. 8 **(28 cohete espacial)**
• System Division: p. 25 **(29 cohete espacial)**
The proper care of turtles, John Corbon, TFH Publications, Inc., Estados Unidos, 1995.
• R.D. Bartlett: p. 30 **(72 tortuga)**
The State of Oaxaca, Felipe López Martínez, Grupo Editorial Azabache, México, 1996.
• Vicente Guijosa: p. 46 **(171)**

Matemáticas
Tercer grado.
Se imprimió por encargo de la
Comisión Nacional de Libros de Texto Gratuitos,
en los talleres de Compañía Editorial Ultra, S.A. de C.V.,
con domicilio en Centeno No. 162, local-2
Col. Granjas Esmeralda,
C.P. 09810, México, D.F.
el mes de septiembre de 2005.
El tiraje fue de 2'849,400 ejemplares.

Impreso en papel reciclado

206

Haz un sobre para tu material recortable

1. Recorta por la línea punteada.
2. Dobla por las líneas A.
3. Pega los extremos.
4. Dobla por abajo y pega.
5. Dobla la pestaña y listo.

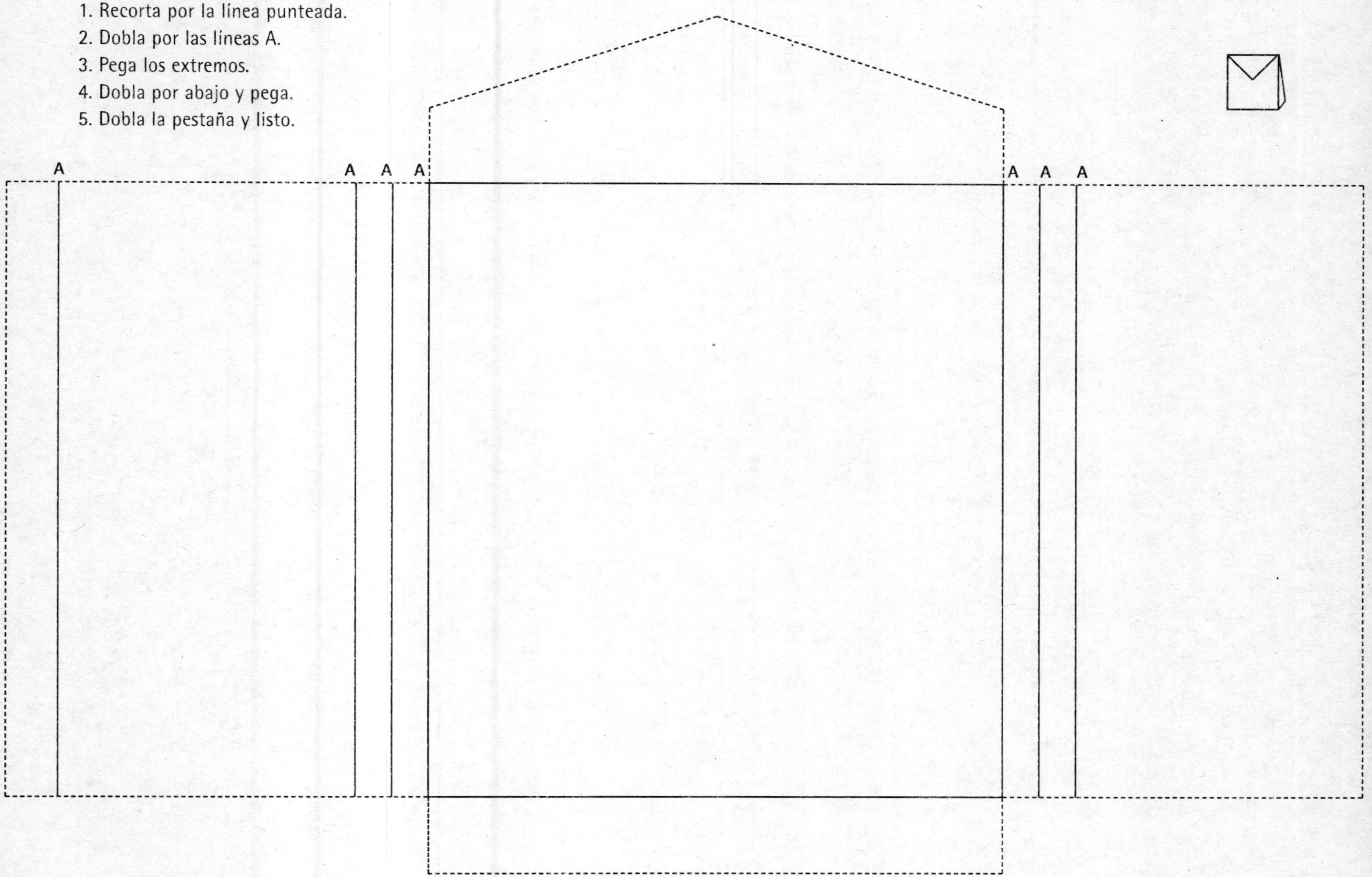

A

A A

A A

A A

A A

Materiales recortables

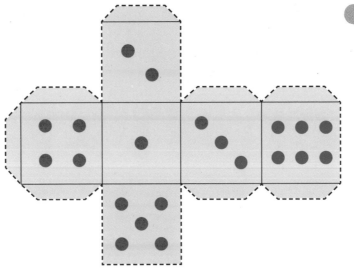

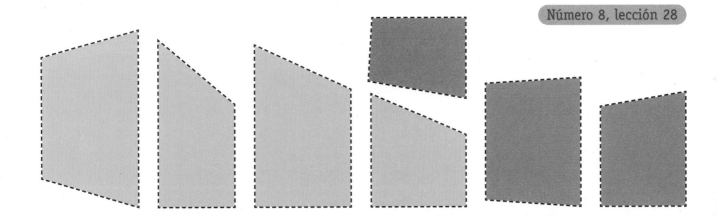

Materiales recortables

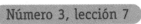

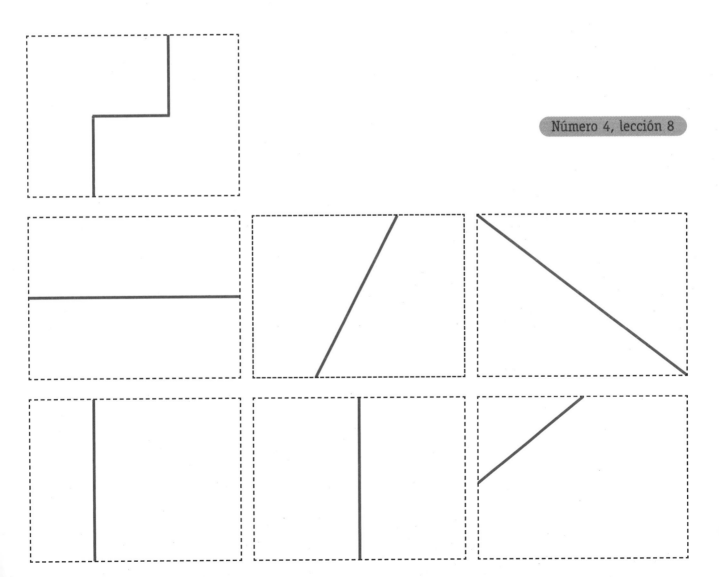

M C D U

0	0	0	0
1	1	1	1
2	2	2	2
3	3	3	3
4	4	4	4
5	5	5	5
6	6	6	6
7	7	7	7
8	8	8	8
9	9	9	9

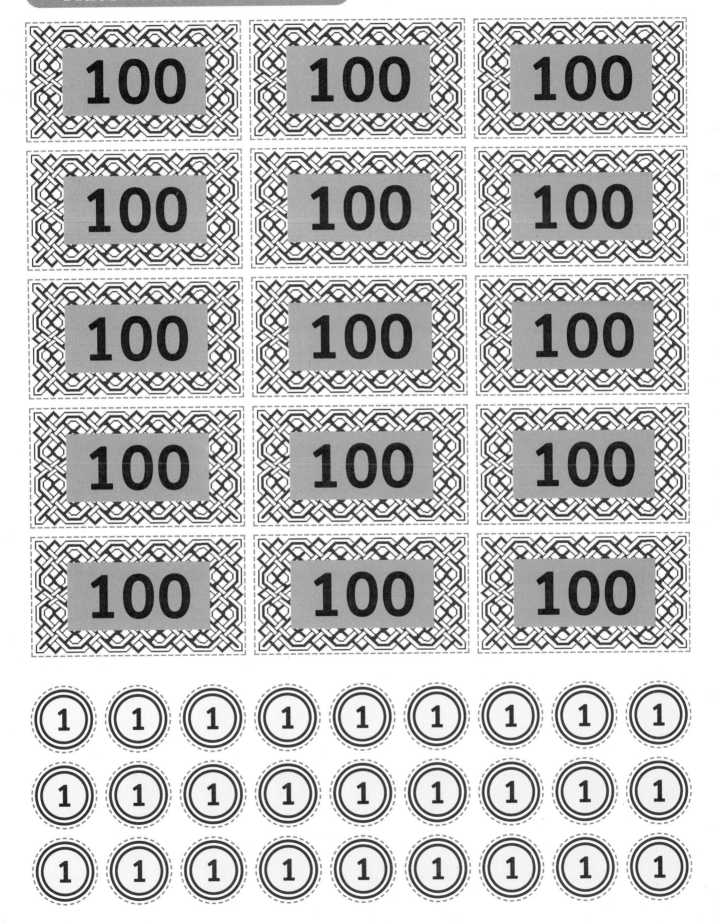

100 **100** **100**

Tabla de multiplicar

	0	1	2	3	4	5	6	7	8	9
1										
2										
3										
4										
5										
6										
7										
8										
9										

Materiales recortables

Número 11, lección 45

Número 13, lección 54

Número 12, lección 49

Número 14, lección 54

Número 15, lección 60

Materiales recortables

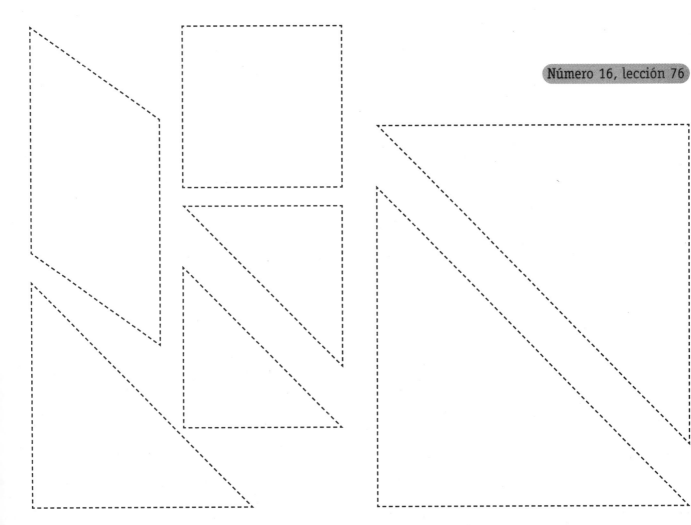